W0073348

DAGMAR VOGEL

AUGUST DER STARKE UND DER KAMPF UM DIE KÖNIGSKRONE

TAUCHAER VERLAG

KURZWEILIGES Nr. 20

Vogel, Dagmar:
August der Starke
und der Kampf um die Königskrone / Dagmar Vogel. -
1. Aufl. - [Taucha]: Tauchaer Verlag, 1997.
ISBN 3-910074-73-1

© by Tauchaer Verlag
Gestaltung: Helmut Selle
Satz und Reproduktion:
Leipziger Medienservice
Druck und Verarbeitung:
Westermann Druck Zwickau
Printed in Germany
ISBN 3-910074-73-1

INHALT

Das polnisch-litauische Königswappen
Augusts des Starken.

$\mathcal{A}$M 17. Juni 1696 starb in Warschau Jan III. Sobieski. Der Tod des polnischen Königs traf die Adelsrepublik in einer sehr schwierigen innenpolitischen Situation. Die königliche Familie war durch persönliche Rivalitäten in sich heillos zerstritten. Militärische Niederlagen des verstorbenen Königs gegen die Türken ließen seinen Ruhm als Teilhaber an der Befreiung Wiens 1683 in den Augen seiner Landsleute rasch verblassen. Um so aufmerksamer betrachtete das Ausland die Geschehnisse in der Adelsrepublik. Polen stellte in den Dispositionen der europäischen Diplomatie einen interessanten Faktor dar, ein Umstand, den man in Warschau mehr in klingende Münze denn politisches Gewicht umzusetzen verstand. Es dauerte nicht lange, bis die Republik im Parteienhader versank und ihre Repräsentanten je nach politischer Überzeugung (oder Höhe der zu erwartenden Bestechungssummen) zu Frankreich, Österreich bzw. zu einem der von diesen Mächten unterstützten Kandidaten neigten.

Kandidaten – Thronprädentenden – fanden sich in diesen Monaten viele. Da waren zunächst die Söhne Jan Sobieskis, drei an der Zahl. Jacob, der älteste, Schwager Kaiser Leopolds I., genoß die Unterstützung Wiens. Die Königin-Witwe Marie Kasimiera favorisierte ihre beiden jüngeren Söhne, sowie ihren Schwiegersohn Kurfürst Max Emanuel von Bayern.

Louis XIV. schickte den Prinzen Conti ins Rennen, und der Kurfürst von Brandenburg ermunterte den Markgrafen Ludwig Wilhelm von Baden zur Teilnahme an der Königswahl. Daneben gab es noch eine Anzahl unbedeutender Anwärter, die von den interessierten Mächten kurzfristig ins Auge gefaßt wurden. Beinahe unbemerkt vom internationalen Kandidatenpoker – weil anfangs von keiner der europäischen Mächte ernstgenommen – vollzog sich die Thronbewerbung des sächsischen Kurfürsten Friedrich August I., den die Nachwelt August den Starken nennen wird. Der Regent des Mutterlandes des Protestantismus als Herrscher des katholischen Polen? Eine geradezu abenteuerliche Vorstellung für die europäischen Kabinette. Dennoch sollte genau dieser Fall eintreten!

Wie es dazu kam, und was sich bei der polnischen Königswahl anno 1696/97 zutrug, davon soll im folgenden berichtet werden.

EINE KRONE
FÜR DEN LIEBLINGSSOHN

$\mathcal{A}$M 3. September 1683 trafen sich in Settendorf, einem Schloß des Grafen Hardegg, nahe Wiens die Befehlshaber des deutsch-polnischen Heeres, um über den Entsatz von Wien zu beraten. Seit Mitte Juli 1683 belagerten fast 100 000 Türken unter Führung ihres Großwesirs Kara Mustapha die Stadt. Für die Einwohner der Donaumetropole wurde die Lage mit jedem Tag kritischer, denn einzelne Abteilungen des türkischen Heeres drangen bereits erfolgreich bis zu den Stadtgräben vor. Zur Befreiung Wiens war Eile dringend geboten.

Kaiser Leopold I. hatte dem Polenkönig Jan III. Sobieski den Oberbefehl über das Entsatzheer erteilt. Unter ihm versammelten sich Herzog Karl von Lothringen, Markgraf Hermann von Baden, Kürfürst Johann Georg III. von Sachsen sowie weitere deutsche und polnische Heerführer.

Der sächsische Kurfürst erschien »in einem einfachen roten Gewand mit einer karmesinroten Schärpe mit einfacher Franse gegürtet«. Zwischen Jan Sobeski und Johann Georg III. stimmte die Chemie sofort. »Der Sachse ist ein rechtschaffener Mann, in dessen Herzen es keinen Verrat gibt«, schrieb Sobieski seiner Gemahlin, und zwei Tage später: »Das arme Kerlchen (Johann Georg III., D.V.) ist gestern vom Pferd gefallen. Sein Gesicht sieht so zerschunden aus, wie eine ganze Korporalsgesellschaft«. Der

Kurfürst Johann Georg III. (1647 – 1691).

polnische König lobte das sächsische Truppenkontingent, das er »außerordentlich schön, zahlreich, gut uniformiert und in großer Ordnung« fand.

Am 12. September 1683 begann die Entscheidungsschlacht gegen den türkischen Halbmond. »Wie schwarzes Pech, das alles vernichtet und verbrennt, was es auf seinem Weg antrifft, fluteten sie herab…«, beschrieb ein muselmanischer Chronist die Schlacht am Kahleberg.

Maßgeblicher Anteil am Entsatz von Wien kam neben Jan Sobieski auch Johann Georg III. und dem Herzog von Lothringen zu. Der Kaiser honorierte das sächsische Engagement im weit geringerem Maße, als es Johann Georg III. erwartete. Sein ganzer Gewinn bestand in einigen türkischen Beutestücken und einem warmen Händedruck Leopolds I. Verärgert über das Verhalten Wiens zog Johann Georg III. mit seinen Truppen nach Hause. Mit Jan Sobieski blieb er weiterhin freundschaftlich verbunden. Der Polenkönig unterrichtete ihn über den weiteren Verlauf der Türkenkampagne, die ihn tief nach Ungarn führte.

In Johann Georg III. reifte in diesen Monaten der Gedanke, bei einer künftigen Neubesetzung des polnischen Thrones auch die Chancen des Hauses Wettin diplomatisch auszuloten. Er dachte dabei weniger an seinen ältesten Sohn, sondern vielmehr an Friedrich August. Für den zweitgeborenen Wettinersproß bestand kaum Aussicht auf eine glänzende Zukunft, solange er bloß ein apanagierter Prinz war. Protestantische Fürsten besaßen wenig Möglichkeiten, ihre Söhne durch attraktive Pfründe standesge-

Die Schlacht am Kahleberg 1683.

mäß auszustatten, wollten sie nicht eine fortwähren-
de Landesteilung zu Lasten der Hauptlinie riskieren. Als König von Polen, in Allianz mit dem kurfürstlichen Bruder, würden sich für beide Söhne be-
deutende Großmachtaspekte ergeben.

Johann Georg III. sah sich nach Bündnispartnern
um.

Herzog Ernst August von Hannover zeigte sich als
erster den sächsischen Zukunftsplänen gegenüber
offen, wenn er seinerseits in Dresden auf Unterstützung in seinem Streben nach der Kurwürde rechnen
konnte. Im Juli 1688 erreichte Johann Georg III. ein
Angebot, das seine polnischen Zukunftspläne beinahe über den Haufen warf: Der Generalstatthalter der
Niederlande, Wilhelm von Oranien, rüstete zu einem
bewaffneten Zug nach England. Auf der Insel war
der paradoxe Fall eingetreten, daß mit Jakob II. ein
Katholik König und damit Oberhaupt der Anglika-
nischen Staatskirche wurde. Dies ereignete sich im
Jahre 1685.

An sich wäre der Fall nicht weiter tragisch gewesen, doch die Landesgesetze verboten Andersgläu-
bigen, d. h. Katholiken, das Ausüben von Staatsäm-
tern. Jacob II. war nicht August der Starke, der sich
wenige Jahre später in einer vergleichbaren Situation befand. Er überließ die Leitung des Direktoriums
des Corpus Evangelicorum der protestantischen Wei-
ßenfelser Nebenlinie. Jacob II. hingegen protegierte
die Katholiken in Staat und Gesellschaft. England
stand am Rande eines Bürgerkrieges.

In dieser Situation – im Juli 1688 – trafen sieben
einflußreiche britische Parlamentarier in den Nieder-
landen ein und baten Oranien, »zur Rettung von Na-

tion und Religion« nach England überzusetzen, um Jacob II. zu entthronen.

Wieso tangierte die englische Innenpolitik die Polenpläne des sächsischen Kurfürsten?

Johann Georg III. besuchte im Februar 1688 die Niederlande und führte mit Wilhelm von Oranien politische Gespräche. Oranien, in dessen Adern ebenfalls Wettinerblut floß, schlug ihm ein enges Bündnis aller protestantischen Mächte gegen Louis XIV. vor. Der Kurfürst – obwohl von dem Gedanken angetan – mochte sich ohne den Rat seiner Vertrauten in keine bindenden Zusagen einlassen. Er nutzte die Hollandreise zu einem Kuraufenthalt in Aachen und bat nach gehaltener Konferenz die Gespräche in Dresden fortzusetzen. Monate danach traf der Ratspensionär von Amsterdam, Jacob Hoope, in der sächsischen Landeshauptstadt ein. Er stellte Johann Georg III. ein Projekt vor, das vordergründig weniger attraktiv gegenüber den sächsisch-polnischen Thronambitionen schien, aber aus der historischen Perspektive ungeahnte Dimensionen eröffnete:

Hoope schlug dem Kurfürsten zunächst eine Defensiv-Allianz mit Überlassung sächsischer Truppen an die Generalstaaten vor. – Dann spielte er seine Trumpfkarte aus: Der achtzehnjährige Prinz Friedrich August, dessen militärische Ambitionen eine große Zukunft erwarten ließen, so der Ratspensionär, möge sich an die Spitze dieser Truppen stellen. Ein längerer Aufenthalt in Holland würde ihm das Vertrauen der Republik gewinnen. »*Wenn dann der jetzige Prinz von Oranien (Wilhelm III., D. V.) wie es den Anschein habe, ohne männliche Nachkommen stürbe, so könne Prinz Friedrich August die hinterlassene Witwe*

Wilhelm III. von Oranien (1650 – 1702).

(Maria Stuart II., D. V.) heiraten, dem Prinzen im Gouvernement hiesiger Provinzen folgen, auch durch solche Heirat zu der Krone England gelangen«.

Friedrich August ahnte nicht, was man in Dresden über seine Zukunft verhandelte. Er absolvierte gerade seine Kavalierstour und befand sich zum Zeitpunkt dieser Verhandlungen am Hofe des Sonnenkönigs in Versailles. Vielleicht begegnete er dort sogar dem vertriebenen Jacob II., dessen präsumtiver Nachfolger er beinahe geworden wäre, denn Johann Georg III. lehnte Oraniens Angebot kurzerhand ab. Die polnische Krone schien ihm die reellere Chance zur Umsetzung seiner Großmachtpläne.

$\mathcal{A}$LS Jan III. Sobieski
starb, war Friedrich August I. gerade 26 Jahre alt und
seit zwei Jahren Kurfürst. Die meiste Zeit seiner kur-
zen Regentschaft verbracht er auf ungarischen
Kriegsschauplätzen. Ein berühmter Feldherr zu werden, militärischen Ruhm zu erwerben, besaß für ihn
höchste Priorität. Fünf Feldzüge hatte er bereits hinter sich, als ihm der Kaiser im Frühjahr 1695 den
Oberbefehl über die Ungarnarmee übertrug. Friedrich August I. traf am 24. Juni 1695 mit großem Ge-
folge in Wien ein. Kaiser Leopold I. und Erzherzog
Joseph fuhren ihm bis zur Donaubrücke entgegen.
Wie es das Begrüßungszeremoniell vorschrieb, ging
der Kurfürst den kaiserlichen Majestäten 30 Schritt
entgegen. Leopold I. und Joseph traten jeweils zehn
Schritt auf Friedrich August zu »da dann der Kaiser
den Kurfürsten mit einer ziemlich langen Rede und
sehr holdseeligen Gebehrden empfangen«. Friedrich
August I. stieg zu den beiden Habsburgern in den
Wagen und fuhr auf dem Rücksitz ins kaiserliche
Sommerpalais Schloß Favorite, wo die offizielle Begrüßung stattfand. Leopold I. empfing Friedrich
August I. mit französischer Reverenz, d. h. mit einer
halben Verbeugung. Der Kurfürst beantwortete dies
durch eine tiefe spanische Reverenz, dem Beugen des
Knies. Danach lud der Ober-Hofmarschall zum Ga-
ladiner. Friedrich August I. speiste mit den Majestäten »auf der Kaiserin Seite«, wo deren Hofdamen

Jan III. Sobieski (1629 – 1696).

bedienten. Er trank auf Leopolds Gesundheit. Dieser bedankte sich durch ein gnädiges Kopfnicken. Zuletzt reichte der Kurfürst dem Kaiser mit einer tiefen Reverenz das Handtuch, welches Leopold I. im Anschluß an das Händewaschen nach der Tafel benutzte.

Als sich das polnische Kandidatenkarussel zu drehen begann, belagerte Friedrich August I. Temesvar. Die Offensive verlief weniger günstig als erwartet. Es fehlte an fast allem, was zu einem erfolgreichen Feldzug nötig war: Geld, Belagerungsgerät, Schießpulver – nicht einmal die kaiserlichen Truppen waren vollzählig erschienen. Der Sultan ließ die Gelegenheit nicht ungenutzt und brachte den kaiserlichen Truppen mehrfach schwere Verluste bei. Die in zahlreichen Schlachten ergrauten Generale suchten einen Sündenbock, den sie für die militärischen Mißerfolge der Kaiserlichen verantwortlich machen konnten. Sie fanden ihn in Friedrich August I. Der Kurfürst war tief in seiner Ehre getroffen. Er verließ den ungarischen Kriegsschauplatz, um sich beim Kaiser für die ihm zur Last gelegten Versäumnisse zu rechtfertigen. »Man hat gesagt, ich hätte mich am Tag der Schlacht mit Heissler (kaiserlicher General, D. V.) betrunken und den Feind im Rausch angegriffen. Die ganze Armee kann bezeugen, daß ich fast nichts gegessen, viel weniger getrunken und daß alle im Kriegsrat für den Angriff waren… Ich habe wie ein Hund gearbeitet und mich überall hinbegeben müssen, was doch Capraras und Taafes (beides kaiserliche Generale, D. V.) Pflicht gewesen wäre…«, schrieb er noch von Ungarn aus schwer verärgert an den Grafen Zinzendorf.

Mitte September 1696 traf Friedrich August I. in Wien ein. In seiner Begleitung befand sich Jacob Heinrich von Flemming, Oberst eines Dragonerregiments im sächsischen Heer. Seine Familie stammte aus Pommern und besaß dort neben ansehnlichem Grundbesitz weitreichende Verbindungen nach Polen. Flemmings Onkel Heino war brandenburgischer Gene-

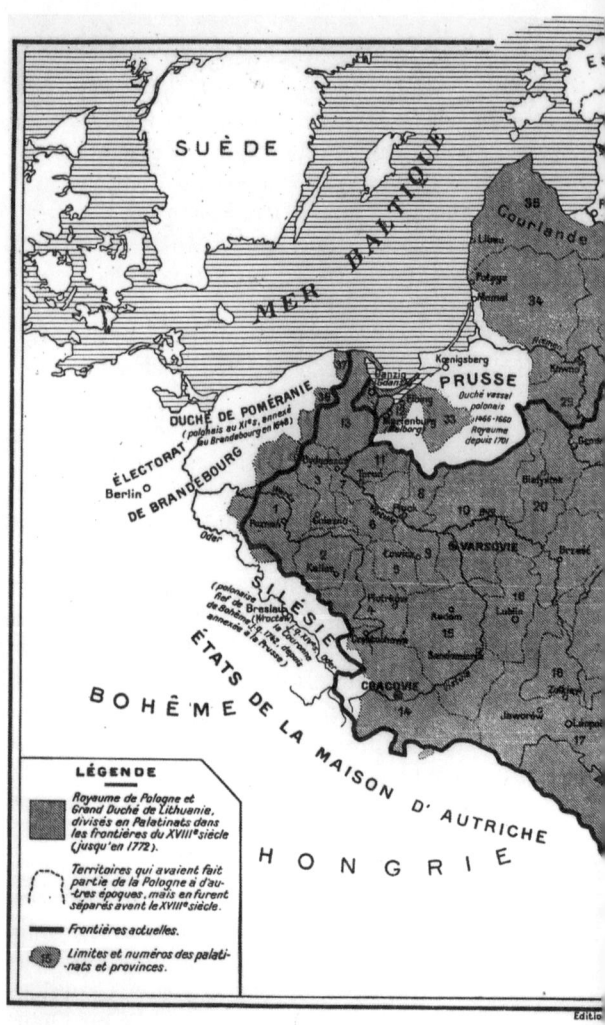

Karte von Polen.

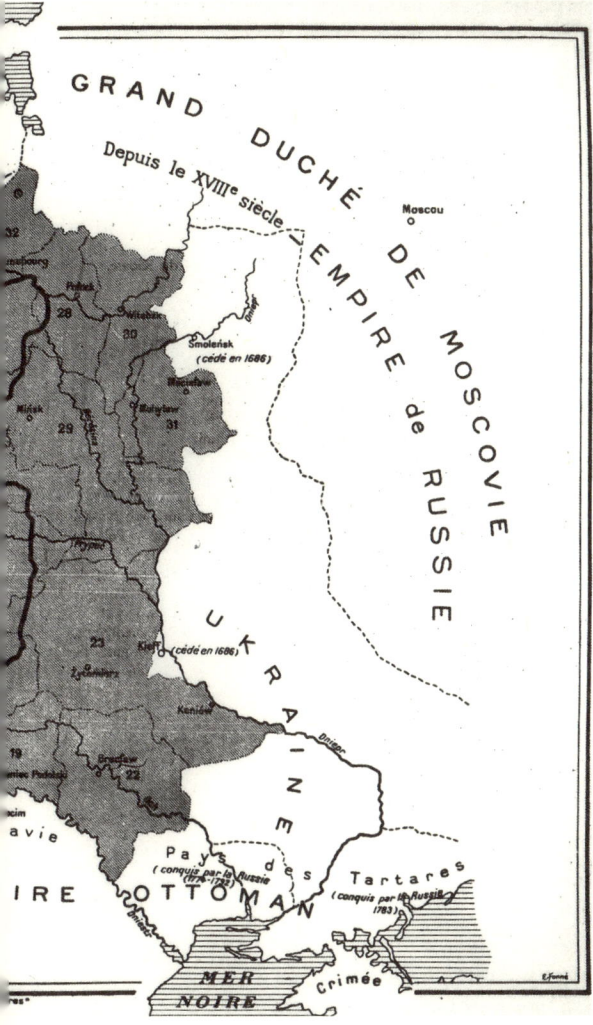

GRAND DUCHÉ DE MOSCOVIE

Depuis le XVIIIᵉ siècle

EMPIRE de RUSSIE

Moscou

Smoleńsk
(cédé en 1686)

Minsk

Kieff (cédé en 1686)

U K R A I N E

Dnieper

Pays des
(conquis par la Russie
1774-1783)

Tartares
(conquis par la Russie
1783)

O T T O M A N

MER
NOIRE

Crimée

E.Fonné

ralfeldmarschall, dazu ein enger Vertrauter des Hohenzollern-Kurfürsten Friedrichs III. Jacob Heinrichs Reisebegleitung war also kein Zufall.

Noch ganz unter dem Eindruck der Anschuldigungen der kaiserlichen Generalität erarbeitete Friedrich August I. in Wien eine Denkschrift für Leopold I., in der er die unhaltbaren Zustände im österreichischen Heer aufzeigte und Ratschläge zu deren Abstellung gab. Von Flemming nahm kaum jemand Notiz. Er hielt sich geschickt im Hintergrund und reiste schon nach wenigen Tagen auf Befehl des Kurfürsten nach Leipzig weiter. Während der Michaelismesse sollte er Heeresbedarf für die neue Kampagne einkaufen, dabei die Ohren spitzen und Informationen über die polnische Königswahl sammeln. Ganz bestimmt würde er Bekannte aus seiner pommerschen Heimat treffen, die ihm einiges über die polnische Interna berichten konnten. Für alle Fälle erteilte Friedrich August I. seinem Obersten Urlaub. Sollten sich außergewöhnliche Dinge ereignen, hatte Jacob Heinrich den Auftrag, auf seine Güter zu reisen, um nahe am Ort des Geschehens zu sein.

Friedrich August I. amüsierte sich derweilen an der schönen blauen Donau. Der Kaiser hatte seine Denkschrift wohlwollend zur Kenntnis genommen. Nun konnte er sich den Annehmlichkeiten des geselligen Wiener Lebens widmen. Mit Joseph, dem Thronfolger, verband ihn eine persönliche Freundschaft. Wie Friedrich August I. war der acht Jahre jüngere ein Freund schöner Frauen, wie Friedrich August I. ein leidenschaftlicher Jäger, wie Sachsens Kurfürst liberal und den schönen Dingen des Lebens zugetan. Versüßt wurde dem Wettiner der Aufenthalt durch die Gräfin Esterle-Lamberg, »ein hübsches

Geschöpf, ich hoffe sie wird ihn die Königsmark vergessen machen«, schrieb der englische Gesandte Stephney nach hause, so daß sich Friedrich August I. in Wien überaus wohl fühlte.

Anfang Dezember 1696 zog es den Kurfürsten doch an die Elbe. Es drängte ihn weniger zu seiner Gemahlin, obwohl diese ihm am 17. Oktober 1696 einen Thronfolger geboren hatte. Es war vielmehr der für Mitte des Monats anberaumte Besuch des brandenburgischen Kurfürsten, der ihn zur Heimreise veranlaßte. Seit drei Jahren schwirrten Gerüchte umher, daß sich der Nachbar um die Königswürde bemühte, um als erster aus dem Kreis der Kurfürsten ins Rampenlicht europäischer Großmachtpolitik zu treten. Während Friedrich August I. im Reisewagen den kursächsischen Landen zueilte, sann er darüber nach, wie er den Hohenzollern für seine geheimen Pläne gewinnen konnte, die er bisher nur ganz wenigen Vertrauten mitgeteilt hatte. Der Vetter liebte eine üppige Hofhaltung. Also würde er ihm zu Ehren entsprechenden Aufwand treiben. Ganz besonders wichtig erschien es Friedrich August I., der Gräfin Wartenberg seine Empfehlung auszusprechen, auch wenn die Dame den Rang einer Maitresse en titre eher protokollarisch denn tatsächlich wahrnahm. Den Hohenzollern freuten solche Komplimente. Friedrich August I. fielen sie nicht schwer und erleichterten ihm, die brandenburgische Stellungnahme zu den einzelnen polnischen Thronbewerbern auszuloten.

Das Wiedersehen mit Christiane Eberhardine in Dresden war überaus frostig. Die Kurfürstin ließ Friedrich August I. deutlich die Kränkung fühlen, die sie bei der Nachricht der fast gleichzeitigen Niederkunft Maria Aurora von Königsmarks empfunden hatte, denn ganze elf Tage nach ihr schenkte die Gräfin ebenfalls einem Knaben das Leben, der in Erinnerung an den Ort des Geschehens den Namen Moritz erhielt. Friedrich August I. nahm sich Christiane Eberhardines Leichenbittermiene nicht weiter zu Herzen. Allerdings, unangenehm war es ihm schon. Deshalb unternahm er bis zur Ankunft des brandenburgischen Kurfürsten eine Jagdreise nach Torgau. Als Friedrich III. endlich in Dresden eintraf, wurde sein Besuch gebührend gefeiert. In den Dezember-Konferenzen der beiden Kurfürsten ging es um nichts geringeres als um zwei Königskronen. Am 26. Januar 1697 reiste der Brandenburger nach hause. Die »Frankfurter Relationen« berichteten darüber folgendes: »*Haben Ihro Churf. Durchl. zu Sachßen Ihro Churf. Durchl. zu Brandenburg bis Moritzburg begleitet und allda zu Mittag tractieret, wobei zu denen Gesundheitstrünken der Churfürst achtzehn Stücke (Kanonen) auf einmal losbrennen lassen, davon das ganze Schloß gebebet und weder Fenster noch Ofen stehen blieben*«.

EIN BRIEF AUS BRANDENBURG

IN Wien verhandelte Flemming erneut mit dem kaiserlichen Hofkriegsrat wegen der neuen Ungarnkampagne. Eines Tages brachte ihm der Kurier einen dicken Brief seines Onkels Heino von Flemming, des brandenburgischen Generalfeldmarschalls. Erwartungsvoll erbrach er das Siegel. Da er seinen Onkel sehr liebte, meinte er, dieser würde ihm seitenweise gute Ratschläge für den nächsten Feldzug geben. Jacob Heinrich wußte, daß der Onkel seiner Karriere in der sächsischen Armee mit großem Interesse gegenüber stand, denn er diente selbst neun Jahre als Feldmarschall-Leutnant bzw. Generalfeldmarschall im sächsischen Heer. Beim Entsatz von Wien »legte er nicht wenig Ehre ein«, als er mit an der Spitze der sächsischen Infanterie den Kahleberg erstieg, einen türkischen Posten stürmte und durch 1500 Dragoner verstärkt, als einer der Ersten das sächsische Regiment Reuß gegen den dreimal stärkeren Feind ins türkische Lager führte. Doch der Brief enthielt nichts von dem, was Jacob Heinrich erwartete. Flemming fand neben einen Begleitschreiben des Generalfeldmarschalls ein beigeschlossenes Couvert an den Prinzen Ludwig Wilhelm von Baden, verbunden mit der Bitte des Onkels, dem Markgrafen dieses unauffällig und schnellstens zuzustellen. Flemming wußte, daß der Badener der Wunschkandidat des brandenburgischen Kurfürsten bezüglich Polens war. Da ihn weder Paris noch Wien unterstützten, mußte er sich im Erfolgsfall dem Hohenzollern bei dessen Streben nach der preußischen Königskrone gefällig erweisen. Daß sich solches nicht mit den Ambitionen seines sächsischen Dienstherrn vertrug, war Flemming sofort klar. Der Brief schien von brisanter politischer Bedeutung zu sein und wog schwer in seiner Hand.

Jacob Heinrich beschloß, das Couvert seinem Empfänger vorerst nicht auszuhändigen, sondern bis auf weiteres unter Verschluß zu halten. Er versteckte das Schreiben in einem Geheimfach seines Schreibtisches und sann darüber nach, weshalb es der Onkel ausgerechnet an ihn sandte. Der Vorfall beschäftigte Flemming in den Folgetagen immer wieder. Der Onkel hätte seinen Brief doch direkt an den Markgrafen adressieren können. Ob sich darin vielleicht wichtige Informationen befanden, die er Jacob Heinrich zuspielen wollte? Flemming zögerte jetzt keine Sekunde mehr! Vorsichtig – ohne das Siegel zu beschädigen – öffnete er den Brief… Er fand ein Projekt des Kastellans von Kulm, Przebendowski, des Gemahls seiner Cousine, das dieser zugunsten des Markgrafen von Baden für die polnische Thronfolge entworfen hatte, verbunden mit dem besten Glückwünschen »den ruhmvollen Absichten des Großherzogs«.

Flemming nahm eilends Tinte und Papier zur Hand und fertigte eine Abschrift von dem Dokument. Er verglich seine Kopie noch einmal sorgfältig mit dem Original, bevor er es wieder versiegelte. Am nächsten Tag überbrachte er es dem Markgrafen Ludwig Wilhelm von Baden mit einigen Komplimenten seines Onkels.

Flemming hielt einen wichtigen Trumpf in der Hand. Er wußte jetzt um die Bereitschaft des Kastellans von Kulm, sich in der polnischen Thronfolgefrage zu engagieren. Es kam nur noch darauf an, diese Bereitschaft ins richtige Fahrwasser zu lenken. Dem Prinzen von Baden eilte zwar durch seinen Beinahmen »Türken-Louis« der Ruhm eines tapferen Streiters wider den Halbmond voraus. Die nötigen Bestechungsgelder konnten ihm aber weder der Hohenzoller noch seine eigenen badischen Untertanen beschaffen, und für Ruhm und Ehre allein hatte noch kein Pole einen König gewählt.

Flemming legte viel Wert auf die Intensität von Familienbanden. Blut erwies sich allemal dicker als Wasser. Wenn man es verstand, diese durch klingende Münze zu festigen, wäre der Kastellan sicher bereit, sein Projekt zugunsten des sächsischen Kurfürsten zu überarbeiten. Vorerst behielt er diese wichtigen Informationen für sich. Zur gegebenen Zeit würde er sie Friedrich August I. präsentieren und seiner eigenen Karriere damit zu durchschlagendem Erfolg verhelfen.

DIPLOMATISCHES ZWISCHENSPIEL

IN Dresden feierte Friedrich August I. den Karneval von 1697 ausgiebig. Bevor er nach Wien zurückkehrte, schickte er den Kammerpräsidenten Ludwig Gebhardt von Hoym voraus, der Flemming im tiefsten Geheimnis davon informieren sollte, daß es im Wettstreit um die polnische Krone Ernst würde. Hoym meinte, daß es sich hierbei um ein tiefstes »secret du roi« handelte und der Kurfürst ihn über die nächsten Schritte bald selbst instruierte.

Gleich nach seiner Ankunft in Wien konferierten Friedrich August I. und Jacob Heinrich von Flemming miteinander. Die Besprechungen dauerten volle vier Tage. So mancher Wiener Nachtschwärmer schüttelte den Kopf, wenn er den kurfürstlichen Wagen einsam vor dem Hauseingang des Flemmingschen Logis abgestellt fand und noch weit nach Mitternacht Licht in der Wohnung des Obersten von Flemming brannte.

In diesen Räumlichkeiten vertraute der sächsische Kurfürst Flemming die wohl wichtigste und aufregendste Mission seines Lebens an. Jacob Heinrich erfuhr aus Friedrich Augusts I. eigenem Mund, daß er, nachdem er einmal entschlossen sei, als Konkurrent um die polnische Krone anzutreten, ihn ausersehen hatte, in Warschau darüber erfolgreich zu verhandeln. Jacob Heinrich solle sich des großen Vertrauens bewußt sein, das er in sein diplomatisches Geschick setzte. Flemming gab Friedrich August I. zu bedenken, daß sich dem die Religion als großes Hindernis in den Weg stellte. Außerdem sei die Zeit viel zu kurz, um noch Hand an das Werk zu legen.

Friedrich August I. wischte die Einwände ohne Zögern vom Tisch. Er habe keine Bedenken, all die Schwierigkeiten zu meistern, die sich in Polen in den Weg stellten. Was die Zeit beträfe, sei es ohnehin seine Absicht, erst kurz vor Wahlende aufs Tapet zu treten. Wenn beide Parteien vom Kampf ermattet seien, habe man die besten Chancen, den Sieg davon zu tragen. Falls man auf die Religion zu sprechen käme, fände er ebenso Mittel, dieses Hindernis zu überwinden.

Flemming sah ein, daß der Kurfürst jedes seiner Argumente durch ein Gegenargument entkräftete. Im Grunde wollte er sich auch nur für alle Eventualitäten absichern, deshalb sagte er: »...Monsigneur, ich verwende mich mit großer Treue – ungeachtet aller Hindernisse – die ich in diesem Unternehmen finde. Ich bürge, daß ich weder Eure Person noch Euren Anspruch kompromittieren und Eure Absicht mit aller gebotenen Geheimhaltung betreiben werde...«. Nachdem sich Friedrich August I. Flemming auf diese Weise verpflichtete, weihte er ihn in die sächsische Geheimdiplomatie ein. Er erklärte, daß er bereits mit Frankreich Fühlung genommen habe, um mit Louis XIV. Unterstützung schneller zum Ziel zu gelangen. Seine Diplomaten berichteten ihm, daß Prinz Conti für Versailles nur zweite Wahl sei. Gegenwärtig verhandele der Generalleutnant von Rosen in Rom mit einem französischen Kardinal. Außerdem hielte man Kontakt zum römischen Botschafter des Allerchristlichsten Königs. Falls sich Paris geneigt zeigte, würden die sächsischen Regimenter sofort aus Ungarn abgezogen. Mit Frankreich im Bündnis und der polnischen Krone auf dem Haupt könnte man Böhmen als auch Schlesien anektieren und den Kaiser in seine Schranken weisen.

Flemming schwirrte der Kopf ob der rasanten Verschiebung des politischen Koordinatensystems, das der Kurfürst entwarf. Im Sommer des vergangenen Jahres fochten sie noch gemeinsam gegen die Türken, die sich der wärmsten Unterstützung des Roi Soleil erfreuten, und jetzt sollte es ausgerechnet Frankreich sein, dessen diplomatische Unterstützung seinen Herrn auf den Jagellonenthron erhob? Einem derart schwierigen Unterfangen fühlte er sich allein nicht gewachsen. Jetzt war es an der Zeit, Friedrich August I. die Abschrift jenes Briefes an den Prinzen von Baden vorzulegen. Sein Verwandter sei eine Vertrauensperson und würdig, an dieser delikaten Affaire teilzuhaben, meinte Flemming. Der Kastellan habe ihn schon seit längerem aufgefordert als Wahlbeobachter nach Warschau zu kommen. Mit seiner Hilfe könne er wichtige Kontakte zu allen maßgeblichen Persönlichkeiten knüpfen. Er selbst werde sein Wahlinteresse als ein rein persönliches ausgeben. Erst wenn das Projekt als ausführbar gelten könne, werde er seinen Verwandten ins Geheimnis ziehen. Friedrich August I. war einverstanden. Flemmings Reise wurde bald festgelegt.

Um unnötigen Verdacht von vornherein beim Kaiserhof auszuschließen, bat Jacob Heinrich von Flemming den sächsischen Kurfürsten ganz offiziell um die Erlaubnis, zur Königswahl nach Polen zu reisen.

Jacob Heinrich Graf Flemming (1667 – 1728).

In der Wiener Hofgesellschaft verkündete er lauthals, er wolle unbedingt an einem Ereignis teilhaben, zu dem er in seinem Leben vielleicht nur einmal Gelegenheit bekäme. Die Damen als auch die Minister des kaiserlichen Hofes gaben ihm ihre besten Wünsche mit auf den Weg, und Gräfin Harrach, eine besonders gute Freundin Flemmings, empfahl ihm eine enge Fühlungnahme zu ihrem Onkel, dem Bischof von Passau, der als kaiserlicher Wahlbotschafter ebenfalls nach Warschau ging.

Flemming schlossen sich mehrere Begleiter an, die es gleichfalls an die Weichsel zog. Sein Sekretär und einige Domestiken vervollständigten die kleine Reisegesellschaft. Jacob Heinrich wars zufrieden. Langweilig würde es auf der Fahrt bestimmt nicht werden. Die Herren, alle private Wahlbeobachter, erleichterten es ihm, seine Mission vor der Öffentlichkeit zu verbergen.

In Berlin verließ Flemming seine Begleiter für einige Stunden, um seinen Onkel Heino zu besuchen. Der Onkel konnte ihm in Polen gefährlich werden, falls der brandenburgische Kurfürst ernsthaft entschlossen war, den Markgrafen von Baden zu unterstützen. Er wußte, daß er auf sein Ehrenwort vertrauen durfte, wenn er ihm den wahren Grund seiner Reise nannte. Der Onkel würde in diesem Fall das Flemmingsche Familieninteresse über das seines Landesherrn stellen. Jacob Heinrich sollte sich darin nicht täuschen.

Bald saß er wieder im Reisewagen, der ihn unaufhaltsam der polnischen Grenze näher brachte.

Der Kastellan von Kulm besaß in der Nähe von Danzig ausgedehnte Güter. Flemming fand es angebracht, hier die ersten Kontakte zu seinem Verwandten zu knüpfen, um dessen mehr oder weniger feste Parteinahme zu ergründen, denn außerhalb des Dunstkreises des polnischen Wahlgeschäftes ließe sich manches leichter regeln. Er hatte Pech! Przebendowski war zum Reichstag der Provinz Preußen gereist, einer Veranstaltung aller Wojewodschaften, die dem Reichstag in Warschau vorausging. Flemming mußte sich beeilen, wenn er verhindern wollte, daß der Kastellan seinen politischen Einfluß einer der gegnerischen Parteien zuwandte.

Anfang April 1697 traf er in Warschau ein. Zwei Wegstunden vor der polnischen Hauptstadt erwartete ihn ein Priester des Kastellans. Flemming verließ seine Reisegesellschaft und gelangte mit Hilfe des Geistlichen unbehelligt durch das Stadttor.

Przebendowski schloß Flemming in die Arme und weinte vor Freude. Sie unterhielten sich ausgiebig über Familienangelegenheiten. Der Kastellan wollte ihn kaum gehen lassen. Als Flemming beiläufig erwähnte, daß er noch keine Unterkunft hätte, bot er ihm sofort Gastfreundschaft in seinem Warschauer Haus. Jacob Heinrich nahm das Angebot dankend an.

Noch am selben Abend kam er auf die aktuellen Geschehnisse zu sprechen. Der Kastellan gab ihm auf alles bereitwillig Auskunft.

»Ihr wißt ohne Zweifel Monsier, wer die Fürsten sind, die als Thronanwärter auftreten«, sagte er. »Nach dem Beschluß der Magnaten teilt sich die Nation in zwei Parteien. Die eine – für Conti – wird von Frankreich unterstützt. Die andere – zugunsten des Hauses Sobieski – von Kaiser. Wobei nach deren

Ausschluß der Kurfürst von Bayern oder die Herzöge von Lothringen bzw. Neuburg folgen könnten. Schließlich interessieren sich der König von England (Wilhelm von Oranien, D.V.) und der Kurfürst von Brandenburg für den Prinzen Ludwig Wilhelm von Baden, den sie der Republik empfehlen. Ich fürchte, daß unter all diesen Bewerbern Prinz Conti den Sieg davontragen wird. Er hat seit langem durch den Abbe´ Polignac verhandeln lassen. Diesem ist es bereits gelungen, mehrere große Herren in das Interesse des Prinzen zu ziehen«.

Bei diesen Worten unterbrach Flemming den Kastellan und fragte ihn, für welchen Bewerber er sich entschieden hätte.

»Ich wurde von allen aufgesucht«, antwortete er, »aber in meinem Herzen habe ich bis jetzt nur den Prinzen Jacob (Sobieski) unterstützt, den die Königin (Witwe) nicht will. Aus diesem Grund ist er der Republik lieber als sein Bruder. Aber seine Chancen sind gering. Deshalb habe ich mich – mehr auf Empfehlung meines Schwiegervaters (Heino von Flemming, D.V.) – für den Prinzen von Baden erklärt. Ich habe einen Plan für ihn entworfen und würde auch zu seinem Vorteil arbeiten. Doch seit Monaten läßt man mich ohne Nachricht«.

Flemming wollte wissen, ob ihm Frankreich kein Angebot machte.

Der Kastellan meinte: »Wenn ich nur an meinen Vorteil dächte, hätte ich allen Grund, mich für Frankreich zu engagieren, mehr wie für jede andere Partei. Aber wißt Ihr, daß diese Nation der unseren immer fatal war und daß die Republik dabei nicht auf ihre Rechnung kommt? Ich wünsche den französischen Einfluß nicht. Das soll nicht bedeuten, daß ich nicht in der Lage wäre, mein Glück dabei zu machen, falls diese Partei der anderen überlegen ist. Monsier Polignac avisierte mir bereits eine kleine Summe Geldes. Beinahe alle Magnaten, sowie meine besten Freunde, die Häuser Lubomirski und Sapieha haben sich für Conti entschieden. Dies weniger aus Neigung oder Interesse für das Wohl Polens, sondern nur aus Ablehnung gegenüber dem Haus Sobieski«.

Flemming meinte, wie er die Situation beurteilte, müßte es zu einer Spaltung der Republik kommen. Der Kastellan pflichtete ihm bei und sagte, daß er für diesen Fall den beiden Parteien den Prinzen von Baden vorschlagen wollte, damit sie sich gemeinsam auf eine Dritten einigten. Aber es sei nicht mehr viel Zeit, und auch dieser habe schon viele Gegner.

»Wenn dem so ist«, sagte Flemming, »müßte man ihn auswechseln«.

»Der Gedanke ist gut«, horchte der Kastellan auf. »Welchen Prinzen schlagt Ihr vor?«

Flemming erwiderte, daß er niemanden wüßte. Es wäre lediglich ein guter Rat, den er als Verwandter geben wollte. Damit warf er Pzrebendowski genau jenen Köder hin, den es bedurfte.

Vier Tage wich Flemming den bohrenden Fragen des Kastellans geschickt aus. Nach einer Woche hatte er Przebendowski so weit, daß er es riskieren konnte, den Namen Friedrich Augusts I. zu nennen. Der Kastellan mußte schwören, sich für den sächsischen Kurfürsten genauso einzusetzen wie für den Prinzen von Baden, und Flemming garantierte ihm, daß er diese Entscheidung nie bereuen würde. »Er ist ein prächtiger, ein großzügiger Fürst, der keinen vergessen wird, der sich für ihn erklärt…«.

Przebendowski war überrascht und bestürzt zugleich. Er versuchte, Flemming die Unmöglichkeit dieses Vorhabens darzulegen. Als ihm Jacob Heinrich das letzte Gegenargument widerlegte, rief der Kastellan: »Er ist Lutheraner! Und selbst wenn er Katholik wäre, wie sollte man dies dem Reichstag glaubhaft machen? Es gäbe Aufruhr! Ein solches Kunststück zu vollbringen, verlangt mehr Zeit als wir haben«.

Flemming erklärte ihm, daß sein Herr zum römisch-katholischen Glauben übergetreten sei und daß er dies Schwarz auf Weiß belegen könne. Dann malte er ihm die politische Unabhängigkeit des sächsischen Kurfürsten aus, da weder Frankreich noch Österreich auf ihn Einfluß ausüben könnten. »...Er verfügt über Geld und Truppen um die Freiheit der Republik zu verteidigen... und mit Ehre das Szepter zu tragen, das sie ihm in die Hände legt«.

Przebendowski fand mehr und mehr Gefallen an Flemmings Projekt. Wenige Tage nach dieser denkwürdigen Eröffnung teilt er ihm mit, daß er im Tagungsgebäude des Senats mit wichtigen Herren Fühlung genommen hatte. Aber die Sache stünde schlecht. Jacob Heinrich meinte, dann habe er eben die falschen Leute angesprochen und riet Przebendowski, direkt in die Höhle des Löwen, zu Kardinal Radziejowski, dem Chef der französischen Partei, zu gehen. Während einer Beichte könne er ihm alles antragen und ihm gleichzeitig durch seine Schweigepflicht als Priester die Hände binden. Die Augen zum Himmel erhoben rief er laut: «A Deo datus!« (Gott gebe es).

Flemming hatte richtig gerechnet. Der Kardinal lud ihn bereits am nächsten Tag zu einer Konferenz ein. Unter Anwesenheit mehrerer polnischer Magnaten empfahl Flemming Friedrich August I. als den besten aller möglichen Bewerber.

Radziejowski nahm Flemmings Antrag anfangs unbeeindruckt zur Kenntnis. Er hielt ihn wohl für einen ausgefallenen Scherz. Die beiden Großschatzmeister Lubomirski und Sapieha, der eine führte dieses Amt für Polen, der andere für Litauen, bekundeten für den neuen Kandidaten ein auffallendes Interesse. Als Flemming sehr glaubhaft versicherte, daß der sächsische Kurfürst schon lange heimlich zum katholischen Glauben gewechselt sei, trat der Kardinal ebenfalls aus seiner Reserve heraus. Flemming erbot sich, falls es der Kardinal wünschte, sofort nach Wien zu reisen und den eigenhändigen Beweis für Friedrich Augusts I. Konversion herbeizubringen. Die beiden Großschatzmeister boten ihm dafür bereitwilligst ihre eigene Eskorte an, was Flemming unter Hinweis auf die Geheimhaltungspflicht seines Auftrages dankend ablehnte.

Bevor er nach Wien abreiste, um Friedrich August I. über den Stand der Dinge zu informieren, suchte er den französischen Wahlbotschafter, Abbé de Polignac auf. Es war ihm gelungen, eine Bresche ins Lager der Contisten zu schlagen. Nun wollte er den Stier bei den Hörnern packen und Polignac für Friedrich August I. gewinnen, falls Prinz Contis Chancen für eine einstimmige Wahl nicht reichten. Flemming überreichte ihm einen Brief des Kurfürsten. Darin stand, daß Friedrich August I. nur mit französischer Hilfe antreten wolle. Sachsen könne dem Sonnenkönig ein wichtiger Bündnispartner sein, da es den Kaiser von Osten her in Schach halten könne. Polignacs Bedenken hinsichtlich der Religion zerstreute der geschickte Flemming schnell.

Der Franzose erkannte sofort, daß Flemming all sein bisheriges Bemühen auf einen Schlag zunichte machen konnte, wenn sächsisches Geld zu fließen begann. Politisch war gegen Flemming nicht anzukommen, seit dieser die sächsische Thronkandidatur als halbfranzösische ausgab – ein geschickter Schachzug, denn die Vertreter des Kaisers hielten unverdrossen an Jacob Sobieski, sowie seinen Ersatzkandidaten fest.

Doch sollte sich gerade in diesem Punkt ein durchgreifender Wandel vollziehen.

SEIT Januar 1697 liefen in Wien die Beratungen über die künftige ungarische Kriegführung. Friedrich August I. war dabei nicht anwesend, sondern genoß zu hause in Dresden – wie bereits erwähnt – den Karneval in vollen Zügen. Am 1. Mai 1697 erschien er wieder in Wien. Zwei Tage darauf fand unter seinem Vorsitz eine Kriegsratskonferenz statt. Der Kurfürst legte Leopold I. das nochmals überarbeitete Herbstgutachten hinsichtlich der angemahnten Heeresreform vor. Der Kaiser hatte auf Friedrich Augusts I. Anraten einige jener unfähigen alten Generale ausgetauscht, die die Schlappen der vergangen Kampagne zu verantworten hatten. Wenn er Friedrich August I. auch für kein überragendes Feldherrengenie hielt, übertrug er ihm trotzdem erneut das Kommando. Im Hinblick auf eine Verjüngung der militärischen Führung schrieb er am 25. April 1697: »...daß nach Kursachsen der Prinz Eugenius von Savoyen das Kommando in Ungarn haben... sollte«. Im Klartext hieß dies, der bereits in Italien erprobte Savoyer war Friedrich August I. im Kommando unterstellt.

Am 25. Mai 1697 reiste der Kurfürst nach Baden. Wenig später traf Flemming von Warschau kommend in Wien ein. Seine Nachrichten waren zu wichtig, als er sich hier lange aufhielt. Er folgte Friedrich August I. umgehend und fand ihn »im Bad unter vielen Dames, maßen das Bad zu Baden so eingerichtet, daß Cavalliers und Dames zusammen baden kunten...«. Flemming berichtete, daß er Friedrich Augusts I. Chancen für sehr aussichtsreich hielt. Dann überreichte er dem Kurfürsten ein Schreiben Radziejowskis. Der Wettiner konnte mit eigenen Augen lesen, daß sich die Polen für ihn interessierten. Der Kardinal teilte ihm folgendes mit:

Warschau, 24. Mai 1697
Monsigneur, der Überbringer dieses Schreibens (Flemming, D.V.) berichtet Ihnen getreu und genau alles was er mir bezüglich der gegenwärtigen Wahl anvertraut hat. Ich erachte es als ein besonderes Glück, daß die Umstände für micht so günstig sind, um in der selben Zeit der Kirche, meinem Vaterland und V. A. S. (Votre Altesse Serenissima, d.h. Euer Kurfürstliche Durchlaucht, D.V.) dienen zu können. Doch der Name (des Kurfürsten von Sachsen, D.V.) genügt nicht, um sich ihm mit ganzer Kraft, Nachdruck und Treue zu verbinden, weil es sehr schwierig ist, ihn wegen der Religion zu veröffentlichen. Sie ist der erste Grundsatz unseres Rechts. Ich wünsche von V.A.S. eine genaue und vollkommene Erklärung, um sicher handeln zu können. Eine Erklärung, die mir niemand mitteilen kann als nur Sie selbst.
V. A. S. können überzeugt sein, daß ich dafür beweisen werde mit wieviel Eifer, Respekt und Verbundenheit ich bin...

Im Grunde seien alle Großmächte gegen Conti, beteuerte Flemming. Da man sich auf keinen der offiziellen Gegenkandidaten einigen könne, hänge der Erfolg nur von zwei Dingen ab: dem Glaubenswechsel und einer beträchtlichen Summe Geldes.

Der polnische Thron lag also in greifbarer Nähe.

Friedrich August I. brauchte nur noch zuzugreifen! Mit französischer Hilfe schien das Unternehmen aussichtslos. Louis XIV. zeigte wenig Bereitschaft, den Wettiner zu unterstützen.

Der sächsische Kurfürst vollzog einen politischen Kurswechsel: An die Stelle des Sonnenkönigs trat – der Kaiser!

Am 28. Mai 1697 gab der Kurfürst in Baden einen großen Ball. Zu den Anwesenden zählten viele Generale, die für den Ungarnfeldzug vorgesehen waren. Darunter war auch Prinz Eugen von Savoyen! Friedrich August nahm über ihn Fühlung zum Premierminister des Kaisers, dem Grafen Kinski. Er weihte beide unter Wahrung der größten Geheimhaltung in seine Polenpläne ein. Der Kurfürst konnte momentan keine besseren Bündnispartner wählen. Daß der Savoyer einmal einer seiner größten politischen Gegenspieler würde, konnte er nicht voraussehen.

Eugenio de Savoy – so nannte er sich selbst – stammte aus einem alten sardischen Grafengeschlecht. Seine Mutter, Olympia Mancini, war die Jugendliebe Louis XIV., eine Nichte Kardinal Mazarins. Eugen war mit Ludwig Wilhelm von Baden und Max Emanuel von Bayern verwandt. Der junge Mann – von Ansehen klein und häßlich – entzog sich zwanzigjährig einer drohenden Zwangsverpflichtung zum Priesterstand durch die Flucht aus Paris, nachdem ihm Louis XIV. die Bitte nach einer militärischen Laufbahn unfreundlich abgewiesen hatte. Eugen kämpfte für Leopold I. zuerst beim Entsatz von Wien, später in Italien. Seine militärische Begabung erregte bereits Aufsehen. Friedrich August I. konnte sich kei-

Prinz Eugen von Savoyen (1663 – 1736).

nen besseren Nachfolger im Oberbefehl wünschen, und Eugen witterte die Chance seines Lebens, die er sofort ergriff.

Jetzt galt es, den Konfessionswechsel in Angriff zu nehmen, den schwierigsten Part des ganzen Wahlgeschäftes. Der Kurfürst war sich bewußt, welche Empörung sein Glaubenswechsel im Land auslösen würde. Kursachsen, das Mutterland des Protestantismus, Hort der »reinen Lehre«, über deren Einhaltung seine Geistlichkeit mit Argusaugen wachte, ein Land, das sich aus religiöser Intoleranz und Rechthaberei lieber selbst wirtschaftlichen Schaden zufügte, als die 1685 durch die Aufhebung des Ediktes von Nantes aus Frankreich vertriebenen (calvinistischen) Hugenotten aufzunehmen, dieses Land sollte einen katholischen Kurfürsten erhalten? Den Aufruhr innerhalb seiner Familie konnte Friedrich August I. verschmerzen. Der Zorn der Stände wog schwerer!

Erste Unmutsäußerungen drangen bereits an sein Ohr, als er den wegen Veruntreuung auf dem Königstein inhaftierten Kammer-Präsidenten Ludwig Gebhardt von Hoym begnadigte und mit einer Untersuchung der landesherrlichen Kassen beauftragte. Mancher Staatsdiener ballte heimlich die Faust, wenn ihm die Hoymsche Kommission gleicher Verfehlungen wegen zur Rechenschaft zog.

Am 2. Juli 1697 besuchte er Herzog Christian August von Sachsen-Zeitz, einen Vertreter der albertinischen Nebenlinie, der bereits 1689 konvertierte und vom Kaiser 1696 zum Bischof von Raab ernannt worden war. Friedrich August schilderte ihm die Situation und sagte ihm offen, daß er jetzt, hier und heute, vor ihm das katholische Glaubensbekenntnis ablegen wollte. Da noch nicht sicher sei, ob Flemming die nötige Stimmenmehrheit wirklich zusammen bekäme, sollte Christian August weder Datum noch Jahreszahl benennen. Zur Glaubwürdigkeit – meinte Friedrich August I. – dürften den Polen Hand- und Unterschrift eines Bischofs genügen. Für den Fall des Mißlingens sei es besser, auf Zeugen zu verzichten, um keine Mitwisser zu haben, wenn man die Sache ungeschehen machen müßte.

Christian August wiegte bedenklich sein Haupt. Schließlich war Baden ein Kurort. Ob man unter diesen Umständen solch ein brisantes Geheimnis lange wahren konnte, schien ihm fraglich. Gerade deshalb habe er ihn in seiner Privatwohnung aufgesucht, sagte Friedrich August. Beiläufig erinnerte er den Herzog daran, daß er ihm, als dem Chef des Gesamthauses Wettin, Gehorsam schulde, denn selbst wenn er das Amt eines hohen kirchlichen Würdenträgers bekleidete, blieb er dennoch ein Prinz zu Sachsen.

Der Bischof folgte den Wünschen Friedrich Augusts I. Er stellte das Dokument so aus, wie der Kurfürst es verlangte – ohne Jahreszahl und ohne Datum. Damit war der Wettiner zum katholischen Glauben übergetreten!

Das Dokument mit der kaum getrockneten Unterschrift des Bischofs von Raab im Gepäck eilte Flemming nach Polen zurück, um es dem Kardinal Radziejowski zu überbringen. In einem Begleitbrief bedauerte Friedrich August I., daß er seinen Schritt »aus wichtigen Gründen« nicht früher bekannt geben konnte. Für den Fall seiner Wahl zum polnischen König würde er sich öffentlich und bedingungslos zum Katholizismus bekennen. Nun hielt der Kardinal den Beweis in Händen, den er verlangte. Trotzdem traute er dem sächsischen Kurfürsten einen solchen Schritt noch immer nicht zu. Flemming mußte erst den kaiserlichen Gesandten Grafen Lamberg einschalten, der den päpstlichen Nuntius Davia bemühte, um anhand der Schrift des Bischofs von Raab die Echtheit des Dokumentes zu beglaubigen.

Jetzt war die Konversion des sächsischen Kurfürsten eine vollendete Tatsache.

AM GOLDE HÄNGT,
ZUM GOLDE DRÄNGT...

$\mathcal{M}$IT dem Konfessions-
wechsel vollzog Friedrich August I. den ersten Schritt
zur offiziellen Bewerbung um den Jagellonenthron.
Der zweite bestand in der Beschaffung der notwen-
digen Gelder, auf die Flemming in Warschau sehn-
lichst wartete. Der Kurfürst reiste am 12. Juni 1697
nach Dresden und machte Kassensturz im großen
Stil: Seiner Mutter verkaufte er das Gut Pillnitz, der
Hannoversche Kurfürst erhielt für 700 000 Taler die
sächsischen Erbansprüche auf Lauenburg. Die Ober-
lausitz gewährte ihm ein Darlehen von zirka 100 000
Talern, die Wiener Jesuiten nahmen seine Juwelen
für die stolze Summe von 1,1 Millionen Gulden als
Pfand und wiesen gleichzeitig das Collegium in
Warschau an, den kurfürstlichen Kredit nach Kräf-
ten zu unterstützen. Weitere Summen brachten die
jüdischen Bankiers Samson Wertheimer und Berent
Lehmann auf. Selbst der Kaiserhof wurde zur Kasse
gebeten. Noch vor seiner Abreise am 12. Juni 1697
hatte Friedrich August I. über Subsidienforderungen
von 100 000 Gulden verhandelt. Er drohte, daß die
sächsischen Truppen ihre Quartiere nicht eher ver-
lassen würden, bevor die Gelder eingegangen wä-
ren. In der Konferenz des 14. Juni 1697 einigte man
sich auf 40 000 Taler, wobei die kaiserlichen Minister
noch immer von der Annahme ausgingen, daß die
Sachsen ab dem 24. Juni 1697 Richtung Ungarn marschierten. Flemmings Geldbedarf war damit noch

lange nicht gedeckt. Friedrich August I. sah sich gezwungen, einige Landesteile auf Widerruf zu verpfänden.

Mitte Juni 1697 trat der Wahlkampf in seine entscheidenden Phase. Der päpstliche Nuntius Davia apellierte noch einmal an das Gewissen des versammelten Senats sowie der Ritterschaft, ihre Stimmen nur einem Katholiken zu geben. Dann trat der kaiserliche Wahlbotschafter Lamberg vor und empfahl Jacob Sobieski, den Kandidaten Wiens. Sein Vorschlag brachte die »Contisten« in Rage. Der Bischof kam im entstandenen Tumult nur mit Mühe zur Wort. Drahtzieher der Störung war der Abbé Polignac. Er zog es seinerseits vor, die Angebote seines Kandidaten schriftlich vorzulegen, denn er mußte damit rechnen, daß sich die Anhänger Sobieskis für seine Intrige mit den gleichen Waffen rächen würden.

Flemming und Pzebendowski besaßen die besten Karten, denn sie hatten das, was keiner der vorgeschlagenen Kandidaten in ausreichendem Maße vorweisen konnte: GELD! Dies begriff niemand schneller als Polignac. Seine Mittel waren längst erschöpft. Er wartete händeringend auf den Geldkurier aus Paris. Die Front der Contisten begann zu wanken – die ersten Magnaten traten bereits auf sächsische Seite – doch von Conti war weit und breit nichts zu sehen! Er saß in Versailles und dachte nicht daran, wie vereinbart nach Polen zu reisen. Der Sonnenkönig hielt die Hand ziemlich fest auf seiner Kasse – Polignac hatte in diesem Wahlgeschäft keinen leichten Stand. Als ihm Flemming unverhohlen erklärte, er könne ihm mit seinen Mitteln die französischen Wahlkampfkosten bar erstatten, war er aufs Äußer-

Anna Sophie, die Mutter Augusts des Starken (1647 – 1717).

ste bestürzt, denn er hatte sein Pulver zu früh ver-
schossen und war mit seinem Latein beinahe am
Ende. Es blieb ihm bloß noch Polemik, die er reichlich einsetzte.

Am Kaiserhof in Wien vollzog sich in diesen Tagen der diplomatische Stimmungswandel zugunsten Friedrich Augusts I. Nicht zuletzt trugen Prinz

Eugens »Geschicklichkeit und Ratschläge« dazu bei. Graf Kinski legte dem Kaiser nahe, die Anhänger Jacob Sobieskis aufzufordern, den sächsischen Kurfürsten zu unterstützen. Die Hofburg brauchte ihre Finanzen dringend für den nächsten Türkenkrieg. Sie war glücklich, einen Kandidaten gefunden zu haben, der seinen Wahlkampf selbst finanzierte. Gegen die stolze Summe von 200 000 Talern »verkaufte« Jacob Sobieski seine Thronkandidatur an Friedrich August I. Flemming stellte auch gleich die Zahlungsfähigkeit seines Herrn unter Beweis, denn die von Friedrich August I. beschafften Gelder trafen gerade ein. Ein Umstand, der die Polen mächtig beeindruckte.

Endlich rückte der Wahltag heran. Am 26. Juni 1697 sollte auf dem alten Wahlfeld vor den Toren Warschaus die Königswahl stattfinden. Auf dem Platz drängten sich etwa 100 000 Berittene. Alle erschienen schwer bewaffnet. Wer zu arm war, weder Pferd noch militärische Ausrüstung besaß, erschien zu Fuß und brachte wenigstens eine Sense mit. Die einzelnen Wojewodschaften stellten sich nach ihren Fähnlein auf. Es waren über 250. Kardinal Radziejowski zelebrierte eine Messe. Dann begann der Wahlgang.

Zuerst rief der Hetman Jablonowski Jacob Sobieski zum neuen König aus. Sein Kandidat fiel auf Anhieb durch. Ein Teil der Anwesenden erklärte sich für Conti.

»Vivat Conti«!, schrien sie durcheinander. Die Reiter feuerten in wilder Begeisterung in die Luft. Ihre Führer verlangten stürmisch, daß Prinz Conti auf der Stelle zum König ausgerufen würde. Dies rief die Gegenpartei auf den Plan. Schnell geriet man in Streit, bis der Kardinal den Vorschlag machte, die Anhänger Contis sollten sich rechts, seine Gegner links des Senatsgebäudes aufstellen. Bis man sich neu formierte, brach der Abend herein. Radziejowski stellte fest, daß sich 210 Fähnlein für den Prinzen Conti entschieden hatten – ein eindeutiges Ergebnis!

Beide Parteien standen sich beinahe in Schlachtordnung gegenüber. Der Kastellan von Kalisch sprengte vor ihre Reihen. In der Rechten hielt er das entblößte Schwert, in der Linken ein Kruzifix und rief mit lauter Stimme: »Es lebe Gott! Es lebe Conti! Es lebe die Freiheit!«. Von einer bewaffneten Auseinandersetzung war man nicht mehr weit entfernt. Plötzlich erschien der Bischof Dambski bei Radziejowski und erklärte, daß die 40 Fähnlein sich für den Kurfürsten von Sachsen entschieden. Der Kardinal hörte bereits den Ruf »Vivat Saski!«, als ihn der Bischof drängte, die Wahl auf den kommenden Tag zu verschieben. Radziejowski hatte sich am Morgen feierlich verpflichtet, nur einem einstimmig gewählten Kandidaten die Krone aufs Haupt zu setzen. Friedrich August I. maß er wenig Chancen bei. Die Übermacht der Contisten war zu offensichtlich. Obwohl ihn diese zur Eile drängten, gab er dem Wunsch Dambskis nach, hoffend, die restlichen 40 Fähnlein würden es sich noch einmal überlegen und am nächsten Tag ebenfalls für Conti stimmen.

Während der Nacht blieb der niedere Adel (Schlachta, D.V.) auf dem Wahlfeld. Selbst der Kardinal verharrte am Ort des Geschehens und übernachtete in seiner Karosse. Hätte er geahnt, daß sich gerade in dieser Nacht Entscheidendes ergeben sollte, hätte er wohl kaum so friedlich geschlummert.

Flemming und Przebendowski hatten den Tag genutzt, um unter der Schlachta Stimmen für Friedrich

August I. zu sammeln. Jetzt konferierten sie bei Lamberg, zusammen mit den Vertretern Brandenburgs, Badens, Neuburgs und Venedigs. Einhellig beschloß man, die Wahl Contis unter allen Umständen zu verhindern. Der gemeinsame Kandidat hieß Friedrich August I. von Sachsen, und Flemming durfte mit den Resten ihrer Wahlkampfkassen die seine – ohnehin gut gefüllte – aufstocken.

Nach geendeter Konferenz eilten beide in die Nacht, wo die Schlachta unter freiem Himmel lagerte. Um die Schlaftrunkenen geistig und körperlich für den sächsischen Kurfürsten zu erwärmen, ließ Flemming unter ihnen reichlich Branntwein austeilen und versprach jedem einen Taler, der Friedrich August I. seine Stimme gab. Um ihnen jeden Gewissenszweifel auszuräumen, drückte er ihnen ein lateinisch gefaßtes Schreiben in die Hand, daß den Religionswechsel des Wettiners bestätigte. 200 Jesuitenschüler des Warschauer Collegs hatten es in den zurückliegenden Tagen kopiert.

Als der Morgen graute, waren etwa 100 Fähnlein der »Contisten« zu den Sachsen-Anhängern übergewechselt.

DIE DOPPELWAHL

»*BEY den Polnischen Wahl-Tagen ist eine höchstnöthige Eigenschafft vor alle ausländische Minister, welche auf einige Weise das Interesse ihrer hohen Herren Principalen mit dabey zu besorgen haben, daß sie nicht allein beredt, sondern auch freygebig und großmüthig seyn, damit sie durch allerhand complaisance (Wohlwollen, D.V.), stattliche Banquete, insonderheit aber durch ihr Geld die Stimmen so wohl der Senatoren als des Adels gewinnen mögen. Ja es wird von den Abgesandten als ein unentbehrlich Stück erfordert eine große Figur zu machen, offene Tafel zu halten, viel Geld aufzuwenden, und ansehnliche Geschencke auszuteilen, weil sonst die auf den Wahl-Tag versammelten Stände, wenn sie nur den geringsten Argwohn einiger Spahrsamkeit oder Kargheit bekommen, alsobald den Schluß daraus machen, daß der Principal eines solchen Ambassadeurs (Botschafters) ein armer und unvermögender Herr seyn müßte, daher sie sich auch nachgehends gar schwerlich entschlüssen, denselben oder denjenigen den er vorgeschlagen, auf den Thron zu erheben. Gleichergestalt haben sie Ursache, mit allen ersinnlichen Fleiß sich zu bemühen, daß sie die Clerisey (Kirche) auf die Seite bekommen*«.

Diese wenigen Sätze, vom Hochfürstlichen Sächsisch-Merseburgischen Land-Cammer-Rath und Dom-Herrn der Bischöfflichen Stiffts-Kirche zu Merseburg, Julius Berhard von Rohr, anno 1733 in seiner »Einleitung zur Ceremoniel-Wissenschaft Der großen

Herren« zu Papier gebracht, beschreiben eindrucks-
voll, was Flemming und Przebendowski in den kur-
zen Stunden jener Sommernacht vom 25. zum 26. Juni
1697 zuwege brachten. Kardinal Radziejowski rieb
sich am Morgen mehr als einmal die Augen, als er
das unerwartete Ergebnis sah. Sein Plan war es gewesen, die einzelnen Wojewodschaften und Fähnlein
nach ihrer Meinung zu befragen. Dieses Vorhaben
erledigte sich von selbst, als er plötzlich vor einer
selbstbewußten Sachsenfraktion stand, die ihn un-
verblümt aufforderte, die Kandidatur Contis zurück-
zuziehen. Von allen Seiten bedrängten ihn die erzürn-
ten »Contisten« und warfen ihm vor, durch seine Vor-
tagsentscheidung ihre mißliche Situation verschul-
det zu haben. Radziejowski – derart ernüchtert und
hart bedrängt – war schließlich froh, daß ihm die
Sachsenpartei eine Konferenz anbot, um auf dem Ver-
handlungweg eine Möglichkeit zur Beilegung der innenpolitischen Krise zu erreichen.

Eine kleine auserwählte Schar versammelte sich
im Senatsgebäude. Die Konferenz kam nur mühsam
in Gang. Keine der Parteien besaß genügend Einfluß, ihrem Kandidaten die notwendige Mehrheit zu
beschaffen. Der Kron-Großschatzmeister Lubomirski
brachte erneut den Prinzen von Baden ins Gespräch,
was ihm den lautstarken Protest der sächsischen
Vertreter einhandelte. Kurz vor dem Ziel setzten sie
auf keinerlei Verlegenheitskandidaten! Mitten in die
Konferenz platzte ein Bote mit der Nachricht, daß
der litauische Groß-Feldherr Sapieha zu Friedrich
August I. übergetreten war. Der Kurfürst vereinig-
te nun die Heere Polens und Litauens unter seiner
Fahne.

Welche Mittel besaßen die Contisten jetzt noch, um

Thronsaal im Warschauer Schloß.

ihn aufzuhalten? Ihre Magnatenfraktion begann bereits zu wanken, als der Kardinal immer wieder von Teilen der Schlachta energisch gedrängt wurde, Conti endlich zum König auszurufen. Radziejowski, der persönlich mehr zu Conti denn zu Friedrich August I. neigte, bestieg gegen 18 Uhr sein Pferd und rief mit lauter Stimme den französischen Prinzen zum König von Polen aus. Auf dem Weg zum St.-Johannis-Dom folgte ihm etwa ein Drittel des Adels. Er zelebrierte vor ihnen eine Messe. Während des Te Deums erklang in den Straßen und Gassen Warschaus der Lärm die protestierenden Sachsenanhänger. »Viele Wojewodschaften marschierten durch die Stadt und machten mit dem grausamen Geschrei 'Vivat Sas!' und mit Schießen einen großen Tumult, davon der sächsische Gesandte (Flemming), so nur den Tag vor der Election (Wahl) ankommen, noch etliche Tage hernach von Morgens bis Abends stets incommodiert gewesen«.

Eine Stunde später proklamierte der Bischof von Kujawien, Dambski, den sächsischen Kurfürsten zum König von Polen. »...sung im Feld das Te Deum und ritt folgends gleichfalls mit hellem Haufen nach der Hauptkirche von Warschau, da ihn der Bischof von Litthauen als Decanus entgegen kam und in großer Frequenz das Te Deum absungen«, berichteten die »Frankfurter Relationen«.

Flemming leistete schon am nächsten Tag einen Schwur auf die Wahlpropositionen seines Herrn. Die Polen rüsteten eine Gesandtschaft an ihren neu erwählten König und forderten ihn auf, sein neues Reich in Besitz zu nehmen. Radziejowski protestierte zwar energisch gegen die Doppelwahl. Doch sein Kandidat saß nach wie vor in Frankreich und zeigte sich an den polnischen Affairen wenig interessiert. Als er nach langem Zögern endlich gen Osten aufbrach, hatte Friedrich August I. längst vollendete Tatsachen geschaffen.

Wie reagierte die öffentliche Meinung auf die Wahl des sächsischen Kurfürsten zum König von Polen?

Der Sieg des Wettiners über seinen französischen Rivalen löste in der zeitgenössischen Publizistik eine Welle der Begeisterung aus! Die allgemeine Freude ließ ihn geradezu als »Retter des Abendlandes« vor »französischer Versklavung«, als Bezwinger des »Polnischen Sonnenkönigs« im strahlenden Licht erscheinen. Daß er selbst im Vorfeld der Wahl Verhandlungen mit dem französischen Kabinett führte, blieb ein wohlgehütetes diplomatisches Geheimnis.

Bald suchte man Friedrich Augusts I. Abstammung

August der Starke als Alexander Magnus im Karneval 1695.

von den Jagellonen nachzuweisen, bald rühmte man
seine militärischen Fähigkeiten, sowie seine Ver-
wandtschaft mit den bedeutendsten Fürstenhöfen
Europas. Man erhob ihn zum Türkensieger und verglich ihn mit »Alexander dem Großen«, eine Rolle,
die er symbolhaft im Dresdner Karnevalsumzug von
1695 verkörperte. Einig war sich das Publikum auch
darin, daß der neue König seine Regierung zum
Nutzen Polens ausüben und dem Land seinen alten
Wohlstand zurückbringen werde. August – so die
politischen Gazetten – würde in Kürze die noch von
den Türken besetzte Festung Kamieniez für die Republik zurück erobern und durch weitere Gebietser-
werbungen Polens Grenzen bis ans Schwarze Meer
ausdehnen.

Lediglich in Sachsen war die Freude über den
Wahlsieg des Kurfürsten gedämpft. Man trauerte um

die »schönen Capitalien«, die Friedrich August I. nach Polen nahm, vom Religionswechsel ganz zu schweigen. Es gab aber auch Stimmen, die über den Tellerrand des Partikularismus hinausblickten und die wirtschaftlichen bzw. politischen Vorteile dieser Union erkannten. Doch sie wurden weitgehend als »Phantasten« abgetan.

Und es gab noch jemanden, der sich über Friedrich Augusts I. Sieg freute: Prinz Eugen von Savoyen!

Am 5. Juli 1697 ernannte ihn Leopold I. zum Oberbefehlshaber des kaiserlichen Heeres in Ungarn. Francois Louis de St. Saphorin, ein gebürtiger Schweizer, – zu diesem Zeitpunkt noch Vertrauter, später Gegner des Prinzen – schrieb, daß er seiner Bewunderung darüber Ausdruck verleihe, wie Eugens Geschicklichkeit und Ratschläge dazu beigetragen hätten, auf Polens Thron einen so würdigen Herrscher zu setzen, wie den, der ihn so eben besteige und »daß derselbe Prinz, (Eugen, D.V.) der so erfolgreich daran gearbeitet hat, einen König zu machen…« seiner neuen Aufgabe genauso gerecht würde.

Am 11. September 1697 brachte Prinz Eugen in der Schlacht von Zenta den Türken eine vernichtende Niederlage bei.

$\mathcal{A}$LS sich Friedrich August I. während der heißen Wahlkampfphase nach Dresden begab, begleiteten ihn zwei katholische Adlige. Der eine war Anton Egon Fürst von Fürstenberg, den der Wettiner bald zum Statthalter des Kurfürstentums ernannte, der andere der aus kaiserlichen in sächsische Dienste gewechselte Graf Trautmannsdorff. Er war für das Oberkommando der sächsischen Truppen bestimmt, um mit ihnen im Ernstfall sofort nach Polen aufzubrechen. Friedrich August I. ließ nicht nur die für den Oberrhein und damit gegen Louis XIV. bestimmten Truppen, sondern auch das Ungarnkontingent von 8000 Mann bei Bautzen zusammenziehen und Marschrichtung Landesgrenze nehmen. Ringsum zerbrach man sich die Köpfe, was der Kurfürst wohl beabsichtigte. Es kam niemand hinter das Geheimnis. Offiziell hatte er sich in Wien für nur wenige Tage verabschiedet. Jeder rechnete damit, daß er in Kürze zurückkehren und sich an die Spitze seiner Truppen stellen würde, um mit ihnen nach Ungarn zu marschieren. Statt seiner erschien an 2. Juli 1697 ein sächsischer Kammerpage und verkündete der verblüfften Öffentlichkeit, daß Friedrich August I. soeben zum König von Polen gewählt worden sei. Unter dem Namen August II. wollte er sich so bald als möglich – nämlich am 15. September 1697 – in Krakau die Jagellonenkrone aufs Haupt setzen lassen.

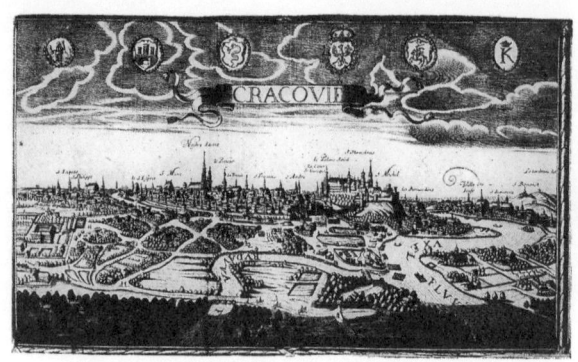

Ansicht von Krakau am Ende des 16. Jahrhunderts.

Unterdessen brach der Kurfürst mit den sächsischen Truppen nach Polen auf. Am 13. Juli 1697 empfing ihn in Tarnowitz eine Abordnung polnischer Magnaten, um ihm im Namen der Republik die Krone anzutragen. August II. beeindruckte sie nicht nur allein durch seine Liebenswürdigkeit. Der König erschien »…in einem überaus kostbaren blauen Rokke, mit Gold überall reichlich gesticket, auf welchem die Knopflöcher mit Diamanten besetzt und große diamantene Knöpffe waren,… mit Degen, Hut, Bein- und Schuh-Schnallen, alles mit ungemein großen Diamanten versehen, sich zum allerprächtigsten aufführete, (zu) soleniter Audienz«.

Am 12. September 1697 traf er in Krakau ein, »bei schönem Wetter«, wie der Chronist ausdrücklich vermerkt, um das Besondere dieses großen Ereignisses nochmals hervorzuheben. Trotz der Kürze der zur Verfügung stehenden Zeit war alles bis ins kleinste organisiert, so daß sich »jedermann verwundere, daß

Wawel, Krakau.

in so kurtzter Zeit so eine große Pracht hat verferti-
get werden, daß dieselbe auch den größten Monar-
chen an Magnificentze gleichen könne«.

Um sieben Uhr traten am Krakauer Schloß fünf
Kompanien neu eingekleideter polnischer und un-
garischer Infanterie an. Graf Trautmannsdorff kom-
mandierte die Sachsen. Diese bildeten ein zweireihi-
ges Spalier vom Florianstor bis zum Schloß, durch
das der König einziehen würde. An allen wichtigen
Haupt- und Zufahrtsstraßen postierten geharnisch-
tes Fußvolk sowie Berittene. Die Stadt selbst begrüßte
den König mit zwei Ehrenpforten. Auf der ersten
befand sich das Wappentier der Republik, der Weiße
Adler, darunter ein Bild des Königs. Die zweite stellte August als ruhmreichen Sieger dar – hoch zu Roß
– dem die Genien die Krone aufs Haupt setzten. Der
Festzug formierte sich vor den Toren Krakaus, bei
dem Schloß Lobzow, das dem kaiserlichen Wahlbotschafter, dem Bischof von Passau, als Logis diente.

Das festlich Ereignis begann am frühen Nachmittag, etwa gegen 14 Uhr. Der Zug wurde von sächsischer Kavallerie eröffnet, der »Polnische (Husarische) und Pancerische oder geharnischte (Kürassier) Regimenter« folgten. Dem Militär schloß sich die Kaufmannschaft zu Pferd an. Sie ritt an der Spitze des Krönungszuges. Die einschlägige Akte des Ober-Hofmarschallamtes führt sie an erster Stelle auf, ein untrüglicher Hinweis auf die ökonomische Bedeutung, die man der neuen Union seitens des Königs zumaß. Gleichermaßen als innenpolitisches Signal an die Polen, war die Teilnahme der Zünfte zu verstehen – der Bäckerzunft mit zwei Fahnen, der Schneiderzunft mit sechs Fahnen »und die Bergarbeiter von Wieliczka (Salzbergwerke in der Nähe Krakaus, D.V.), sämtlich weiß gekleidet«. Der Festzug bildete einen farbenfrohen Wechsel von polnischen und sächsischen Militärformationen, von Galakarossen, sächsischen und polnischen Adligen. August II. erwies sich einmal mehr als beeindruckender Regisseur glanzvoll inszenierter barocker Selbstdarstellung.

Über die Formierung des Zuges gibt es verschiedenen Darstellungen, je nachdem, ob sie von polnischer, sächsischer, oder »amtlich-sächsischer« Seite, d. h. den Akten des Ober-Hofmarschallamtes beschrieben werden. Folgt man dem letzterem, muß es etwa so gewesen sein:

Im Anschluß an Kaufleute und Bürgerschaft ritten polnische Adlige. Nach ihnen »*des Unterfeldherrn aus Litauen Heiduckenkompagnie in roter Montur mit einer kleinen und einer großen Fahne, dann zwei Kompagnien Heiducken des Wojewoden Crakowsky (von Kra-*

kau, D.V.) mit zwölf kleinen und zwei großen Fahnen, Schalmeien und Trompeten und eine kleine Kompanie fürstlich Lubomirskischer Heiducken mit acht kleinen und einer großen Fahne und ebenfalls mit Schalmeien und Trompeten; das Regiment des Generalmajors von Flemming, Dragoner in Rot mit blauen Aufschlägen, denen der Herzog von Sachsen-Weißenfels mit seinen Dragonern folgte, die in Grau mit roten Aufschlägen gekleidet waren und unter dem Kommando des Obersten von Marwitz standen, denen zwei königliche Kammerfouriere, ein königlicher Heerpauker mit silbernen Pauken, zwölf Trompeter mit silbernen Trompeten in Rot und Silber mit blauem Samt mit weißen Federn gekleidet folgten; ebenso 24 Pagen in gleicher Livree und weißen Federn zu Pferd. Sodann kamen zwei königliche Bereiter und 36 Handpferde mit rotsamtenen Decken, die mit Silber ausgeputzt waren und silberne Fransen trugen und auch das kursächsische und königlich-polnische Wappen in Gold und Silber gestickt trugen und deren jedes von einem Reitknecht geführt wurde«.

Um den Polen einen Eindruck von dem Glanz zu vermitteln, den ihr neuer Herrscher zu entfalten imstande war, rollten an ihnen 36 Kutschen, darunter zwölf des Königs, deren letzte besonders reich mit Gold und Silber verziert war, vorbei. Großen Eindruck hinterließen die »schönen königlichen Pferde«, wie sich ein polnischer Augenzeuge ausdrückte. Die Polen – in ihrer besonderen Vorliebe für die Reiterei – bestaunten die mit kostbaren Diamanten, Rubinen und Saphiren besetzten Geschirre, die scharlachroten Samtdecken mit breiten goldenen Fransen, die Decken, die mit Krone und Szepter verziert waren. Im Zug kündigte ein Pauker und zwölf Trompeter das Nahen des Königs an. Bevor man ihn endlich erblickte, erschienen 30 Vertreter des sächsischen Adels, darunter Minister und Hofbeamte, das Kürassier-Regiment des General-Feldzeugmeisters Grafen Reuß, vier Kompanien polnischer Husaren, sechs Kompanien Panzerreiter, Vertreter des polnischen Adels, Senatoren und polnische Generale. Der Kron-Großmarschall Fürst Lubomirski, den Marschall-Stab in der Hand, ritt dem König voraus, flankiert vom Wojewoden von Krakau und dem Kastellan von Posen. Dann folgten die Bischöfe von Kujawien und Zmudz. Endlich bekamen die Polen Gelegenheit, ihren König zu sehen. August II. ritt auf einem diamantgeschmückten perlfarbenen (hermelinen) Pferd »dieselben in einem Habit von Drap d´Or mit Hermelin gefütterter und blauer Veste darauf die Boutonnerie (Knopfreihen) ingleichen Hut – Säbel – Gürtel – Sattel und Gezeug von Diamanten und Rubinen versetzet ungemein kostbar war. Den Dais oder Baldequin (Baldachin) über Selbige von rothem Sammet trugen die Crackauischen Magistrats 6 Personen«. Neben dem König schritten 60 Schweizer Fußtrabanten mit goldenen Hellebarden, 48 Lakaien, 12 Läufer und 48 Heiducken. Der König ließ sein Pferd zum Takt der Musik tänzeln. Die Diamanten gleisten im Sonnenlicht. Man schätzte den Wert der Edelsteine, die August II. am Hut und auf der Brust trug (zwei Diamanten von Walnußgröße) auf 14 Millionen Reichstaler. Den Schluß des Krönungszuges bildeten der Bischof von Passau, mehrere Geistliche, der Ober-Kämmer von Pflug, Generalleutnant Graf Trautmannsdorff, Graf Dönhoff sowie mehrere sächsische Offiziere und das königliche Leib-Kürassierregiment.

August der Starke (1670 – 1733).

»Als der König in die Vorstadt kam oder bey der Kirche der Academie kam, stieg er ab. Der Rector der Academie hielt eine kurze lateinische Oratio«. Am Stadttor erwartete ihn der Magistrat zur Schlüsselübergabe. Der Zug bewegte sich durch die Krakauer Innenstadt bis zum Wawel, wobei mehrfach Salut ge schossen wurde. Der Starost von Krakau übergab August in seiner Eigenschaft als Stadtkommandant »unter den üblichen Zeremonien« den Goldenen Schlüssel. Der König ritt zur Kathedrale. Der Bischof von Kujawien zelebrierte eine kirchliche Feierstunde. Anschließend empfing August II. den polnischen Adel zur Audienz. Langsam neigte sich dieser ereignisreiche Tag seinen Ende zu. Für August II. und die Polen besaß er über seine aktuelle Bedeutung hinaus noch einen symbolischen Wert:

Am 12. September 1685 schlugen Jan III. Sobieski, Johann Georg III. von Sachsen und ihre Verbündeten die Türken vor Wien.

»*In Pohlen ist es ewas besonderes, daß allzeit des letztverstorbenen Königs Leich-Begängniß vor der Crönungs-Tage gehalten, und dessen verblichener Cörper nach der Kirche des heiligen Stanislai… gebracht wird. Bey dem Grabe zubrechen die Marschälle ihre Stäbe, und alle die übrigen hohen Bedienten geben durch andere Zeichen zu erkennen, daß sie ihre Aemter niedergelegt. Hierauf die Königliche Leichnam in der Cathedral-Kirche eingesenckt, und zu den übrigen Königen gesetzt…*« berichtet der in zeremoniellen Dingen bestens unterrichtete Julius Bernhard von Rohr.

Zum Krönungsritual gehörte also die Beisetzung Jan Sobieskis. Dies stellte sich zunächst als schwieriges Unterfangen dar, denn der Leichnam des verstorbenen Königs befand sich in Warschau – und dort saßen Augusts Gegner, der Kardinal Radziejowski samt seinem Contistischen Anhang. Es war kaum anzunehmen, daß diese den Leichnam freiwillig herausgaben, ihren letzten Trumpf, mit dem sie die Krönung des Wettiners verhindern zu können glaubten.

Ohne Beisetzung des toten Vorgängers gab es keine Krönung! Dies war allen Beteiligten klar. Der erfinderischen Flemming war auch hier um keinen Rat verlegen. Man brauche – so sein Vorschlag – nur einen leeren Paradesarg aufzubahren. Wer käme schon auf die Idee, diesen auf seinen Inhalt zu überprüfen! Schließlich war der, den man beerdigen wollte, schon über ein Jahr tot. Ein Öffnen des Sarges verböte sich damit von selbst. Der Vorschlag fand allgemein Beifall. Am folgenden Tag – Freitag, dem 13. September – wurden die Exequien für den verstorbenen König Jan III. Sobieski in der Kathedrale des Wawels zelebriert.

In der Kirche war ein »Castrum doloris« (eine prachtvolle Aufbettung) errichtet worden. Der Paradesarg mit den königlichen Insignien stand auf einem Podium. Daneben lagen zwei Samtkissen mit Szepter und Krone. Über dem Sarg erhob sich ein Baldachin aus rotem Samt, dem ein Meer brennender Kerzen einen würdigen Rahmen gab. Gegen elf Uhr vormittags erschien August II. – ganz in Schwarz gekleidet – mit den Senatoren, sowie sächsischen und polnischen Kavalieren, um der Totenmesse beizuwohnen. Im Anschluß daran wurden der königliche Marschallstab, das Siegel und zwei Fahnen zerbrochen und in die Begräbnisgruft geworfen. Das Schwert erhielt der Schwertmeister in Verwahrung. August II. stand unweit des Sarges. Die feierliche Zeremonie dauerte über zwei Stunden. Danach begab er sich zur Mittagstafel zurück ins Schloß. Noch am selben Tag bedankte er sich für das Entgegenkommen des Klerus mit einer Kollekte von 1000 Talern.

Für den darauffolgenden Sonnabend waren mehrere Prozessionen vorgesehen. Sie gehörten zum polnischen Krönungszeremoniell. August II. pilgerte zu Fuß nach Skalka vor die Tore Krakaus »an die Kirche, wo einstmahls von einem König in Pohlen ein Bischof in Stücke gehauen worden«, um die Reliquien des heiligen Stanislas zu besuchen. Es begleiteten ihn sehr viele Adlige, die eigens wegen der Krönung des neuen Königs von weit her anreisten. Vor August II. schritten die Hofkavaliere, der polnische Kron-Großmarschall Fürst Lubomirski mit dem Marschallstab, dahinter die Bischöfe von Passau und Raab. Dem König folgten höfische Beamte. Nach ihnen kam der mit acht Pferden bespannte königliche Leibwagen und das Leibroß Augusts. 24 Pagen, 12 Läufer, 32 Lakaien, 48 Heiducken und die Trabanten-Leibgarde bildeten den Schluß. Vor der Kirche, die die Reliquien des Heiligen barg, wurde der König von Mönchen begrüßt. Abermals ergossen sich Ansprachen über ihn. August küßte »unter anderen Devotionen« die Reliquien des heiligen Stanislas. Nachdem er weitere Zeremonien samt des Abendgottesdienstes überstanden hatte, fuhr er in seiner Kutsche nach Krakau zurück.

DIE KRÖNUNG

MIT Sonntag, dem 15. September 1697, kam jener ereignisreiche Tag heran, der Sachsen und Polen durch ein gemeinsames Herrscherhaus über ein halbes Jahrhundert verbinden sollte.

Der Dom des Wawels zu Krakau war für die Krönungszeremonie festlich hergerichtet worden. Gegen Mittag erschien Graf Trautmannsdorff bei August II. Um ein Uhr begab sich der König zu Fuß zur Kirche. Polnische Senatoren trugen ihrem neuen Herrscher Schwert, Krone, Szepter und Reichsapfel voran. Ganz Krakau war auf den Beinen. Entlang der Straßen zum Krönungsort drängten sich die Zuschauer in solch großer Zahl, daß man Bedenken trug, die Krönung überhaupt vollziehen zu können. August II. trug einen reichverzierten goldenen Harnisch, der etwa zwanzig Kilo wog, darüber den blauen polnischen Krönungsmantel mit goldgestickten Blumen und Hermelinbesatz. Seinen federgeschmückten Hut zierten Edelsteine, ebenso den kostbaren Gürtel.

Im Innern der Kathedrale – neben dem Altar – stand ein sechseckiger Baldachin, darunter ein Stuhl mit Samtbezug und silberbeschlagener Lehne. Am Eingang des Domes wurde der König vom Bischof von Kujawien erwartet. Lubomirski, der Kron-Marschall, zog mit dem Marschallstab voraus. Dann begannen die Krönungsfeierlichkeiten.

Nach einer dreißigminütigen musikalischen Vesper schritt August II. – gefolgt von den vornehmsten Reichsvertretern der Republik mit Lubomirski an der Spitze – und zwei Reichs-Fähnrichen mit der polnischen und der litauischen Fahne zum Hochaltar. Hier kniete er nieder. Der Bischof von Kujawien stimmte unter Assistenz zweier weiterer Bischöfe das »Kyrie eleison« an. Für die Polen begann der wichtigste Teil der Zeremonie: August II. beschwor und unterzeichnete die »Pakta conventa«, das »Grundgesetz« der Adelsrepublik. In ihr verpflichtete er sich, an den bestehenden religiösen wie politischen Verhältnissen nichts zu ändern, d. h., keinerlei Schritte zur Festigung eines absoluten Königtums zu unternehmen und die Republik »allzeit in ihrer Freiheit zu erhalten«, ihr zehn Millionen Reichstaler zur freien Verfügung des Staates und zur Bezahlung der Kronarmee bereit zu stellen, die an die Türken verloren gegangen Gebiete durch Verträge oder »mit dem Schwert« zurückzugewinnen und einen Teil des Heeres (6000 Mann) auf eigene Kosten zu unterhalten. Ferner versprach August II. – er hatte diesen Namen im Hinblick auf die europäische Bedeutung Polens unter König Sigismund II. August während des 16. Jahrhunderts gewählt – sich Handel und Wandel anzunehmen, sowie ein milder und gerechter Herrscher zu sein. Nach Beendigung dieses wichtigen Vorgangs schritt der Bischof zur Salbung. Der König zog ein weißes Chorhemd an. Unter den gewöhnlichen Zeremonien wurde ihm die Krone aufgesetzt, danach der Krönungsmantel umgehängt. Der Bischof von Kujawien überreichte ihm das Szepter und rief dreimal laut »Vivat rex«. Die Orgel setzte brausend mit dem Te Deum ein. Dies war das Zei-

Das Krönungsornat für die Zeremonien am 15. September 1697.

chen für die Schloßheiducken, die Krönung durch Abfeuern einer Salve bekanntzugeben, was die vor und in der Stadt verteilten »Stücke« donnernd beantworteten. Der König schritt nun im Krönungsornat zum Thron. Nach einer halben Stunde weiterer Zeremonien führten ihn zwei Bischöfe erneut vor den Altar, um dem Knienden den Reichsapfel zu übergeben. Kujawien zelebrierte ein Hochamt. Danach ließ August II. durch den Kron-Schatzmeister goldene und silberne Gedenkmünzen verteilen. Gegen 15 Uhr fand die Zeremonie ihr Ende.

Unter den vielen Legenden, die über August II. verbreitet wurden, hält sich bis heute die Behauptung, der Kurfürst-König sei während der Krönung ohnmächtig zusammengebrochen – und das ausgerechnet, während man ihm das katholische Glaubensbekenntnis vorlas. Ganze 15 Minuten seien notwendig gewesen, die Lebensgeister wieder in ihm zu wecken. Vordergründig schien die Ohnmacht einleuchtend: Der kiloschwere goldene Harnisch, der nicht minder gewichtige Krönungsornat, der intensive, ungewohnte Weihrauchdunst,… wenn die Positionierung dieses Ereignisses den Vorfall nicht in einem eigentümlichen Licht erscheinen ließe: Einflußreiche Kreise streuten Zweifel an der Aufrichtigkeit seines Konfessionswechsels aus, allen voran die Anhänger Contis. Der propagandistische Schachzug wurde von den sächsischen Gegnern dieser Union über die Jahrhunderte dankbar aufgegriffen. Bis in unsere Zeit halten böse Zungen die Konversion Augusts II. für ein politisches Scheinmanöver und sprechen ihm jede Religiosität ab. Dabei war es gerade der preußische König Friedrich Wilhelm I., der 1728 feststellte, »…(habe) ich ihn, was die Religion anlangt sehr equitable gefunden und habe(n) mich seine sentiments in diesem Stück sehr charmirt…«.

Das häufige Niederknien des Königs während der Krönungszeremonien vor dem Altar – die »Knierutscherei«, wie sich Sachsens ehemalige Kronprinzessin Louisa von Toskana zu Beginn des 20. Jahrhunderts salopp ausdrückte – ließ sich geschickt im Sinne eines »Zusammenbruchs«, also einer »unheilvollen Vorbedeutung« für die gemeinsame Union ausbeuten. August II. war es gewohnt, gewichtige Kleider zu tragen. Allein die Juwelengarnituren Dinglingers, die er bei großen Hoffesten anlegte oder die Rüstungen, die er bei Ritterturnieren trug, waren ähnlich schwer wie der Krönungsornat anno 1697.

Der Weg von Thron in der Kathedrale bis in die königlichen Gemächer des Wawel, auf dem der König nun schritt, war mit roten Teppichen belegt. Ihm voran gingen die Fahnenträger und Senatoren. Später empfing er in seinen Gemächern die Gratulationen. August II. legte den Krönunsornat ab. Zum Festbankett trug er ein nicht minder kostbares Gewand. Das Hofzeremoniell schrieb ihm das Bedecken des Hauptes vor. Also setzte er seinen Federhut auf und begab sich zur Tafel. August II. nahm auf seinem Thron unter einem mit Goldfransen verzierten roten Samtbaldachin an der Breitseite der Tafel Platz. Der kaiserliche und der brandenburgische Gesandte, der Bischof von Passau – alle, denen er maßgebliche Unterstützung verdankte – saßen in seiner Nähe. Die Senatoren und andere vornehmen Polen wurden an zwei langen Tafeln plaziert. Dann begann das Festmahl. Die Musiker ließen Pauken und Trompeten erschallen. Jedesmal, wenn der König trank, wurden die Kanonen gelöst. Das Diner währte bis neun Uhr abends. In dieser Zeit kam auch das »gemeine Volk« auf seine Kosten. August II. ließ zwei gebratene Ochsen, die mit Schöpskeulen, gebratenen Hühnern und anderen Speisen gefüllt waren, verteilen. Dazu gab es Bier, Wein und Branntwein »als sie saufen wollten«, so daß alle sehr »content« (zufrieden) waren.

Am Montag, dem 16. September, erfolgte die Huldigung der Stadt. Der König ritt gegen 15 Uhr vom Schloß zum Rathaus. Generalmajor vom Bomstädt ließ zur »Verhütung von Disordre« Spalier bilden. Auf dem Markt war ein Podium errichtet worden. Wie bei allen vorhergegangenen Zeremonien ritten der polnische Adel, die sächsischen Kavaliere und Fürst Lubomirski mit dem Marschallstab voran. Der König trug eine diamantbesetzte »polnische« Tracht. In der Hand hielt er einen Streitkolben. Den Schluß des Zuges bildeten die Schweizer, sächsische Kavaliere und die berittene Trabantenleibgarde. Der Markt war von Zuschauern dicht gedrängt. Alle warteten darauf, daß ihnen die Krönungsinsignien gezeigt würden. Danach begab sich August II. ins Rathaus. Hier legte man ihm das »Pontificalornat« an. Mit der Krone auf dem Haupt betrat er das Podest und erwartete mehrere Ansprachen hochrangiger polnischer Magnaten. Anschließend versicherte der Magistrat der Stadt dem König mit »Kniekuß« und Handschlag seine Devotion (Ergebenheit). Der Reichskanzler führte August II. sechs Personen zu, die er in den Adelsstand erhob. Die Auserwählten warfen sich ihm zu Füßen, der König berührte sie dreimal mit dem Schwert. Unter die Schaulustigen wurden goldene und silberne Münzen, vier gebratene Ochsen, sowie Wein und Bier verteilt. Während das Volk den König hochleben ließ, tauschte dieser im Rathaus sein Gewand gegen seine polnische Kleidung und kehrte in einer Karosse ins Schloß zurück. Der ihn begleitende Zug folgte.

Mit diesem letzten zeremoniellen Akt endeten die ebenso glanzvollen wie anstrengenden polnischen Krönungsfeierlichkeiten.

DIE WIDERSPENSTIGE KURFÜRSTIN

»*E*s ist ein Jammer, das Volk auf den Straßen jammern und weinen zu sehen. Die Kurfürstin ist untröstlich wegen des Unheils, womit diese neue Würde uns bedroht. Der gute Gott wolle uns davor schützen«.

Johann Balthasar von Bose, Ober-Hofmeister der Kurfürstin Christiane Eberhardine, brachte die Stimmung der Sachsen in diesen Wochen auf den Punkt. Erstmals seit 1661 versammelten sich die Stände zu einem außerordentlichen Ausschußtag in Dresden, um vom Kurfürsten bindende Zusagen zur Aufrechterhaltung des Protestantismus in Sachsen zu verlangen. Die Hoffnungen aller richteten sich auf Christiane Eberhardine. Würde sie sich an die Spitze der Opposition stellen?

Das biedere Gemüt der Kurfürstin eignete sich wenig als Zugpferd für politische Empörer. Traf sie der Religionswechsel ihres Gemahls auch hart, sorgte sie sich doch zu allererst um die religiöse Zukunft des Kurprinzen Friedrich August und um ihre eigenen finanzielle Ausstattung. Als Königin in spe lag ihr sehr an einem repräsentativen Auftreten, zumal ihr nicht gerade kleiner kurfürstlicher Hofstaat von etwa 90 Personen ihr Budget bereits überstrapazierte. Vorsorglich schickte sie ihren Ober-Hofmeister zwecks erhöhter Geldforderungen nach Polen. In die entgegengesetzte Richtung – an den elterlichen Hof nach Bayreuth – reiste der Kammerherr von Reibold, mit der Bitte um Rat und Verhaltensregeln hinsichtlich möglicher konfessioneller Bedrängnis. Ihr Vater, Markgraf Christian Ernst, befand sich im kaiserlichen Feldlager. Also nahm die Markgräfin die Sache in die Hand. Nach eingehenden Gesprächen mit den Beratern ihres Gemahls knüpfte sie Kontakte zur sächsischen Landesregierung, jenem Teil der Ständeopposition, die der Meinung waren, »wenn erst zwei Augen (August II.) tot sind, oder sonst eine Veränderung eintritt, so warten schon alle treuen Patrioten darauf, dem jetzigen Regenten im Lande (Fürstenberg, der Statthalter, D.V.) den verdienten Lohn zu geben«. Die Markgräfin scheute sich nicht, in die inneren Angelegenheiten Sachsens einzugreifen und das protestantische Ausland um Unterstützung anzugehen, falls der König ihre Tochter oder dem Kurstaat konfessionellen Zwang auferlegte. Christian Ernst nahm die ganze Aufregung von der pragmatischen Seite. Die Aussicht, daß seine Tochter Königin von Polen würde, ließ ihn die religiösen Bedenken seiner Familie differenzierter betrachten. Er riet Christiane Eberhardine, dem königlichen Gemahl mit gleicher Sympathie und Achtung zu begegnen, »damit einige Veränderung oder Mißtrauen in dieselbe nicht soubconniert (vermuten) und auch an dero hohen Seite zu einigem Changement (Wechsel, d. h. Scheidung) (kein) Anlaß gegeben werden möge«. Seine Ermahnungen fanden wenig Resonanz. Aus Protest gegen die Anwesenheit des katholischen Statthalters Anton Egon Fürst von Fürstenberg verließ die Kurfürstin Dresden. In Schloß Pretzsch an der Elbe, das ihr August II. zur Geburt des Kurprinzen schenkte, harrte sie in stiller Opposition der kommenden Dinge. Diese nahten bald in Gestalt des

Die Ehefrau Christiane Eberhardine von Brandenburg-Bayreuth
(1671 – 1727).

Herrn von Seyffertitz, der ihr die Einladung zu den Krönungsfeierlichkeiten überbrachte. Die Kurfürstin zeigte wenig Neigung, dieser Aufforderung nachzukommen. Sie beantwortete Augusts II. Brief mit allerhand hinhaltenden Ausreden. Die Krönung rückte immer näher. Der König mußte akzeptieren, daß diese ohne seine Gemahlin stattfand. Es traf ihn besonders, daß die Kurfürstin – trotz seiner Religionsversicherungen – an seinem Wort zweifelte. Er streckte ihr erneut die Hand entgegen. Fürstenberg erhielt die Ordre, Christiane Eberhardine wenigstens zu einer Reise nach Danzig zu überreden. Auch Christian Ernst baute seiner Tochter goldene Brücken. »…Es ist die Religion nur ein Deckmantel und kann die Königin ins Reich kommen, wan sie wil, ohne daß man ihr das geringste wegen der religion einwerffen werde, wie den alleß in Ihrem gutten comportement (Verhalten) bestehen wird, daß Sie die gemüther gewinne und die (polnischen) Dames auf ihre seite bringe, die dan ihre Männer schon bereden werden, die Königin ohne Veränderung der Religion zur Crönung zu bringen, denn gewiß ist´s, daß in Pohlen die Weiber herrschen und die Männer nach ihrem Willen haben können«, berichtete der von ihm nach Polen gesandte Freiherr von Blomberg. Christiane Eberhardine blieb unerbittlich. »…so gar kein verlangen zu der reise hersche… zumahlen mein ewiges weh ohne genüchsame vorhergeendte Versicherung meiner Religionsfreyheit erfolchen könte…«. Die Kurfürstin beharrte auf ihrer indoktrinären Haltung, entweder es werde ihr und dem sie begleitenden protestantischen Geistlichen ein offizielles Ausüben evangelischer Kirchenzeremonien gestattet (was sie ihrerseits Katholiken in Sachsen strikt verweigerte), oder sie werde »…lieber alle zeithliche glückseligkeit fahren und verlaßen,… um meinem Gott getreu zu verbleiben bis in todt«.

In Bayreuth malte man sich bereits die Folgen einer solch starren Haltung aus. Welche Schande, wenn

August II. vom Papst die Annullierung der Ehe verlangte?

Christian Ernst erbot sich erneut zum Vermittler zwischen Tochter und königlichem Schwiegersohn. Graf Pückler wurde beauftragt, mit August II. ein 12-Punkte-Memorial auszuhandeln, das den religiösen Spielraum der Kurfürstin festlegte. Wie zu erwarten, lehne diese ab. Resignierend stellte der Markgraf fest, »ob nun wohl alle ersinnliche persuasoria (Überzeugungskraft)…gebrauchete, daß wann Ihro Mt. väterlichen consilia (Rat) nicht annehmen und allein ihren eingen sambt Dero nicht unverdächtigen Rathgebern folgen wollten, Ich die Hand gar von dem Werck abziehen (werde)«.

Damit waren alle Versuche, die Kurfürstin zur Reise nach Polen zu bewegen, gescheitert.

Christiane Eberhardine hat nie polnischen Boden betreten. Sie wurde auch nie zur Königin gekrönt. Das Zeremoniell gab ihr den Titel – aus Höflichkeit! Und Höflichkeit bewies ihr auch August II. sein Leben lang. Die Kurfürstin war nie gezwungen, ihr Leben in Abgeschiedenheit oder Einsamkeit zu verbringen. Wenn sie es dennoch tat, entsprach es ihrer persönliche Neigung. Jenes kalte herzlose Verhalten, das Friedrich II. von Preußen seiner an sich liebenswerten Gemahlin Elisabeth Christine gegenüber bewies, bekam sie nie zu spüren.

August II. stattete Christiane Eberhardines Hofstaat in großzügigster Weise aus, erfüllte ihr fast jeden Wunsch. Als die Kurfürstin 1727 in Pretzsch starb, schlugen für ihre Hofhaltung allein 8400 Taler für Hofdamen und -kavaliere zu Buche. Sie hatte sieben Kammerherren, deren jeder ein Salär von 437 Taler bezog. Ihr Leibmedikus erhielt 500 Taler. Sie unterhielt eine eigene Kanzlei, Küche, Kellerei, Konditorei und Silberkammer. Zu ihren Diensten standen sechs Pagen, Kammer- und andere Bediente, Tanzmeister, Hauslehrer, Lakaien, Musikanten, Jäger, Heiducken und Torwächter, sogar ein eigener Hofnarr.

Religiöse Toleranz blieb ihr lebenslang ein Fremdwort. In Pretzsch erzog sie junge Mädchen, darunter auch ihre eigene Nichte, die Prinzessin Wilhelmine von Bayreuth (nicht zu verwechseln mit der gleichnamigen Schwester des preußischen Friedrich). Diese wurde 1724 von ihrem Vater, dem Bruder der Kurfürstin, wegen eines »Fehltritts« auf der Plassenburg inhaftiert. Als der katholische Graf Metternich von ihrem Schicksal hörte und sich um ihre Hand bewarb, war es Christiane Eberhardine, die darauf drang, daß man die inzwischen nach Schloß Hohenberg nahe Wunsiedel verbrachte Prinzessin besonders streng bewachte und die Verbindung mit Metternich der Religion wegen unter allen Umständen unterband.

Die Konversion Augusts II. zerriß das letzte Band zwischenmenschlicher Bindungen zwischen dem König und seiner Gemahlin. Doch weder Christiane Eberhardine noch die zahlreichen Kritiker Augusts II. begriffen, daß dieser Schritt des Königs der Frühaufklärung sowie der Toleranz in Sachsen Bahn brach, einer Toleranz, der sich auch August III. verpflichtet fühlte. Der Glaubenswechsel beider Kurfürsten-Könige samt ihrer liberalen Haltung in Religionsangelegenheiten ließ sie zu Wegbereitern dessen werden, was man heute Ökumene nennt.

DIE FLUCHT DES RIVALEN

IN Frankreich rüstete Prinz Conti endlich zum Aufbruch ins Land des Weißen Adlers, um den Kampf mit August II. aufzunehmen.

»Begeben sich gekrönte Häupter, oder andere grosse Printzen auf die Flotten, die sie anderwerts convoyieren müssen, zu Wasser, so werden aus den Städten und Castellen alle Canonen gelöset, und eben dieses thut man auf der gantzen Flotte, wenn der Fürst in sein Leib=Schiff steigt...«.

Dieses großartige Zeremoniell täuschte weit mehr Zuversicht vor, als Conti besaß. Gegen Ende September 1697 langte die kleine französische Flottille in der Danziger Bucht an.

»Derjenige Matrose, so auf den grösten Mastbaum steigt, und das Land zuerst entdeckt, wird von dem grossen Herrn beschenkt. Wenn sie anlanden, werden sie von den Castellen und allen Schiffen des Ufers salutieret, worauf nachgehends von des Fürsten Haupt-Leib-Schiff, und folgends von der gantzen Flotte gedankt wird. Ist nun die Ankunfft eines grossen Printzen dem Herrn des Landes und des Volks höchst erwünscht und angenehm, so kommt er ihm mit dem mehresten Theil seiner Hofstatt auf Schiffen ebenfalls entgegen, lagern sich um das Leib-Schiff, und ruffen vielmahls mit dem am Ufer stehenden Volk ein höchst erfreuliches Vivat, Vivat aus«.

So hatte sich wohl auch Prinz Conti seinen Empfang vorgestellt. Als er in der Danziger Bucht landete, stand niemand »Vivat« rufend am Ufer. Conti war gezwungen, in Oliva zu ankern. Die »Großen des Landes« waren viel zu sehr mit sich und ihrer künftigen Stellung gegenüber August II. beschäftigt, als daß sie sich zu seiner Begrüßung einfanden. Auch Kardinal Radziejowski hatte inzwischen seinen Frieden mit August II. geschlossen, nachdem der König der Maitresse des Kirchenfürsten ein glitzerndes Diamantgeschenk überreichen ließ. Seine Nichte, die schöne Ursula Katharina Lubomirska, wurde bald danach seine Geliebte.

Das Danziger Patriziat verbot Conti kurzerhand den Zutritt zur Stadt und verweigerte ihm sogar die Auszahlung der französischen Gelder. Conti wartete auch vergeblich auf die ihm versprochenen Truppenkontingente seiner Anhänger. Statt ihrer erschienen sächsische Reiterabteilungen unter Flemmings Kommando, so daß es der Prinz vorzog, eiligst auf sein Schiff zurückzukehren und am 7. Oktober 1697 befahl, die Segel Richtung Frankreich zu setzen. An Bord befand sich auch der französische Unterhändler Abbé de Polignac, der bei dem plötzlichen Aufbruch sein gesamtes diplomatisches Gepäck verlor. Er durfte sich wenigstens mit dem Gedanken trösten, daß es noch keinem französischen Diplomaten vergönnt war, von einem Bourbonenprinzen persönlich nach Hause begleitet zu werden.

Die polnische Adelsrepublik blieb – trotz dieser Niederlage der französischen Diplomatie – das gesamte 18. Jahrhundert hindurch eine bevorzugte politische Spielwiese Versailles. Erst 112 Jahre später – 1809 – sollte mit Napoleon I. ein hochrangiger Repräsentant Frankreichs seine Fuß wieder auf polnischen Boden setzen.

QUELLENVERZEICHNIS

Braubach, M.: Prinz Eugen, Bd. 1. – München 1963-1965

Haake, P.: Christiane Eberhardine und August der Starke. Eine Ehetragödie. – Dresden 1930

Haake, P.: Die Türkenfeldzüge Augusts des Starken.- In: N. A. f. s. G., Bd. 24/1903

Handschriftensammlung: Beschreibung, was vor und bey Crönung Ihr. Kgl. Maj. Friedrich August vorgangen. – Sächs. Landesbibliothek Dresden

Des Herrn Feldmarschall von Flemming in Pohlen gehabte Negociation. – Sächs. Landesbibliothek Dresden

Umständlicher Bericht von der wunderbaren polnischen Königswahl. – Sächs. Landesbibliothek Dresden

Churfürst Johann Georg III. und die sächsischen Truppen beim Entsatz von Wien 1683. – Sächs. Landesbibliothek Dresden

Hassel, P.: Die Grundzüge der Politik Johann Georg III. – In: Wiss. Beilage der Leipziger Zeitung 38/1884

Hildebrandt, Ph.: Die polnische Königswahl und die Konversion Augusts des Starken. – In: Quellen u. Forschungen aus italien. Archiven u. Bibliotheken., hrsg. v. Kgl. Preuß. Inst. Rom 10/1907

Japiske, N.: Das Haus Oranien. Statthalter und Könige der Niederlande. – München 1939

KALISCH J., GIEROWSKI J.: Um die polnische Krone.
– Berlin 1962

SCHULTE, A.: Markgraf Ludwig Wilhelm von Baden
und der Reichskrieg gegen Frankreich 1693-1697,
Bd. II. – Karlsruhe 1901

ROHR, J. B. V.: Einleitung zur Ceremoniel-Wissen-
schafft Der grossen Herren. – 1733, Neudruck
Leipzig 1990

VEHSE, E.: Geschichte der Höfe des Hauses Sachsen,
Bd. 4. – Hamburg 1854

WIENECKE, E.: Der Einzug Augusts des Starken in
Krakau und seine Krönung zum polnischen König. – In: Die Burg 4/1942

WIMMER, J.: Der Entsatz von Wien. – Warschau 1983

WUTTKE, A.: Die öffentliche Meinung in Deutsch-
land während der Jahre 1697-1706 nach Flug-
schriften der Universitätsbibliothek Jena. – Jena
1925

ZELLER, J.: Jan Sobieski. Briefe an die Königin.
Feldzug und Entsatz von Wien. – Berlin 1981